İBADETLERİMİ ÖĞRENİYORUM

Diyanet İşleri Başkanlığı Yayınları:713
Çocuk Kitapları:184

İbadetlerimi Öğreniyorum

Yazan
Ayşe Öztürk

Resimleyen
Dağıstan Çetinkaya

Yayın Yönetmeni
Mehmet Erdoğan

Görsel Yönetmen
Ersin Şahin

Düzelti
Mustafa Kaya

Son Okuma
Elif Arslan

Koordinasyon
Dr. Ömer Menekşe

Din İşleri Yüksek Kurulu Kararı
22.04.2008 / 40

2008-06-Y-0003-713
ISBN 978-975-19-4367-5
1. Baskı, 2008

Baskı
Cem Web Ofset Ltd. Şti.
Tel: 0312 385 61 62

İletişim
Eskişehir yolu 9. km. Çankaya / Ankara
Telefon: 0 (312) 295 72 93-94
Faks: 0 (312) 284 72 88
e-posta: diniyayinlar@diyanet.gov.tr

SUNUŞ

Çocuklar merhaba!

Yüce Rabbimiz, bizim mutlu ve huzurlu bir şekilde yaşamamızı istiyor. Bunun için Sevgili Peygamberimize yüce dinimiz İslâm'ı gönderdi. Barış içinde mutlu bir hayat için Peygamberimize ve onun kutlu çağrısına kulak vermeliyiz.

Rabbimiz çok seviyor bizi. Bizi sevdiği için Peygamberimizi bize bir yol gösterici olarak gönderdi. Ona kutlu kitabımızı öğretti. O da öğrendiklerini bizimle paylaştı. İnsanlara kurtuluş yolunu gösterdi.

Biz de Rabbimizi çok seviyoruz. O bize sevmeyi öğretti. Evreni ve içindekileri bizim için yarattı. Bize hayat verdi, sağlık ve mutluluk verdi.

Sevgili Peygamberimizi çok seviyoruz. Bizlere Rabbimize nasıl ibadet edeceğimizi, Onun bize verdiği nimetler için kendisine nasıl teşekkür etmemiz gerektiğini öğretti.

Rabbimizin yarattığı her şeyi seviyoruz; insanları, hayvanları, tabiatı seviyoruz. Onlara karşı sorumlu olduğumuzu biliyoruz.

Sevgili çocuklar!

Yaratılışımızın amacı Allah'ı tanımak ve ona ibadet etmektir.

İbadetlerimiz Rabbimize olan sevgimizin bir işareti ve göstergesidir.

Dinimiz İslâm; dirlik, düzenlik, huzur ve barış demektir. Namaz kılarak, oruç tutarak, zekât vererek, hacca giderek yüce yaratıcımıza ibadet ederiz.

İbadet sadece bunlardan ibaret değildir. Yardıma muhtaç insanlara yardım etmek, yaralı bir kuşun yarasını sarmak da birer ibadettir. Aslında iyi niyetle yapılan her güzel eylem ibadettir.

İbadetler, bizi kötülüklerden arındırarak yüceltir ve güzelleştirir.

Sizin için hazırladığımız bu kitapta namaz, oruç, hac, zekât gibi temel ibadetleri tanıtmaya çalıştık. Kitabı beğeniyle okuyacağınızı umuyoruz.

Siz bizim geleceğimizsiniz ve sizi çok seviyoruz...

Diyanet İşleri Başkanlığı

İBADETLERİMİ ÖĞRENİYORUM

DİYANET İŞLERİ BAŞKANLIĞI YAYINLARI

ANKARA
2008

İÇİNDEKİLER

BİRİNCİ BÖLÜM

RABBİM ALLAH'TIR BENİM

İKİNCİ BÖLÜM

TEMİZLİK İMANDANDIR

ÜÇÜNCÜ BÖLÜM

DİNİN DİREĞİ: NAMAZ

ALTINCI BÖLÜM

PAYLAŞMA İBADETİ: ZEKÂT

YEDİNCİ BÖLÜM

KUTLU YOLCULUK: HAC

Allah, iman edenlerin dostudur.
Onları karanlıklardan aydınlığa çıkarır.

(Bakara Suresi, 257. ayet)

Rabbim Allah'tır Benim

İyilik edin. Şüphesiz Allah iyilik edenleri sever.

(Bakara Suresi, 195. ayet)

Allah ne güzel yaratmış!

Bir zamanlar yoktuk. Masmavi gökyüzü, yıldızlar, güneş, ay yoktu. Rengarenk çiçekleriyle cıvıl cıvıl öten kuşlarıyla bu güzel dünyamız da yoktu. Allah'tan başka hiçbir şey yoktu. Yalnızca Allah vardı.

O diledi, biz var olduk. O diledi, gökler, yeryüzü, kuşlar, böcekler, denizler, ırmaklar var oldu. Bütün evren ve içindekiler var oldu. Allah "ol" dedi ve oluverdi her şey. Her bir şeyi, canlı, cansız bütün varlıkları güzel güzel yarattı.

Görelim diye göz verdi bize. İşitip dinleyelim diye kulak verdi. Doğruyu yanlıştan ayırabilelim diye akıl verdi. Can verdi bize, kuşa, çiçeğe, ağaca.

Onun yaratmasıyla can buldu güzellikler.

Güzeller güzeli Rabbimiz güzelliklerle donattı yeryüzünü.

Evrendeki her şey olması gerektiği gibi, olması gerektiği kadar var oldu. Mükemmel bir denge ve düzen kuruldu evrende. Dünya dönmeye, güneş ışık saçmaya, kuşlar cıvıl cıvıl ötmeye başladı.

Yücelerin yücesi Rabbimiz, insanların atası Âdem'i ve Havva'yı yarattı. Sevgiyi yarattı. Âdem ile Havva birbirlerini sevip eş oldular. Çocukları oldu. İnsanların nesli çoğalmaya başladı. İnsanlar çoğaldılar, çoğaldılar ve yeryüzüne yayıldılar. Farklı farklı dil ve renklerde değişik milletler meydana geldi. İnsanlar birlik olup köyler, şehirler, ülkeler kurdu.

Allah kendini arındırıp tertemiz olanları sever.

(Tevbe Suresi, 108. ayet)

İnandım iman ettim

Yeryüzünün değişik yerlerinde yaşamaya başlayan insanlar, zamanla Âdem Peygamberin yol gösterici öğütlerini bir kenara bıraktı. Rablerinin kendilerine verdiği onca güzel nimetlere şükretmeyi unuttular. Birbirlerine kötülük yapmaya başladılar. Birbirlerini yok etmek için durmadan savaştılar. Kan akıttılar yeryüzünde, nice canlara kıydılar.

Yüce Allah, onlara doğruları hatırlatmak ve onları bulundukları bu kötü durumdan kurtarmak için peygamberler ve kitaplar gönderdi.

Peygamberler, Allah'ı bilmelerini ve onu unutmamalarını öğütledi insanlara. İyilik yapmayı, erdemli olmayı, güzel söz söylemeyi, kardeşliği anlattılar. Kimileri Allah'ın kutlu elçilerine inanıp yürekten iman ettiler, **mümin** oldular.

Kaskatı yüreklerine imanın sıcak mesajı ulaşmayan kimileri de inkâr edip **kâfir** oldular ve yeryüzünde kötülük yapmaya, bozgunculuk çıkarmaya, kan dökmeye devam ettiler.

Allah zalimleri sevmez.

(Âl-i İmran Suresi, 140. ayet)

Kimileri de inanmış gibi görünüp kalplerinde imanı taşımadılar. İkiyüzlülükle, yalanla dolanla ömür geçirdiler, **münafık** oldular.

Dinim İslâm'dır benim

Rabbimiz Allah, biz insanların mutlu ve huzurlu yaşaması için Sevgili Peygamberimizi ve yüce dinimiz İslâm'ı gönderdi.

İslâm, Kur'an-ı Kerim'de bildirilen ilke ve esaslara bir bütün olarak inanmak ve bunları yerine getirmektir.

Din, insanları iyiye, doğruya, dünyada ve ahirette huzura kavuşturmak için yaratanın bildirdiği ilâhî emirlerdir.

İslâm dini Rabbimiz tarafından bütün insanlığa gönderilen evrensel ve mükemmel bir dindir.

İslâm; dirlik, düzenlik, huzur ve barış demektir.

İslâm'ın rehberliğinde insanlar, yüzyıllar boyunca kardeşçe yaşamıştır. Müslümanlar, her zaman yeryüzünde huzurun ve barışın güvencesi olmuştur. Atalarımız, değişik dinlerden, değişik ırk ve milletlerden insanların barış içinde mutlu bir şekilde yaşayabileceğini göstermiştir.

İslâm, bir sevgi medeniyetidir.

Bize Müslüman adını Allah vermiştir. Allah'a inanan, ona güvenen kişiye **Müslüman** denir.

Müslüman, herkesin güvendiği ve kendisinden kimseye zarar gelmeyen kişi demektir.

Bizleri Müslüman olarak yarattığı ve Müslüman olarak yaşattığı için Rabbimize şükürler olsun.

Allah bizi çok seviyor

O, çok sevendir ve bizi sevdiği için var etti. İhtiyacımız olan her şeyi yarattı.

Allah bizi seviyor. Sevdiği için gönderdi peygamberlerini. Onlar insanlara hep güzeli, iyiyi ve doğruyu anlattılar. Haksızlık yapmamamızı, kötülükten uzak durmamızı öğütlediler. Peygamberler gelmeseydi, güzel Rabbimiz onları göndermeseydi ne olurdu hâlimiz? Nasıl bulurduk doğruları? Bunca güzelliklere nasıl kavuşurduk?

Allah'ın sevgisini kazanmak için ibadet ederiz. Daha çok sevsin diye onun sevmediği davranışlardan uzak dururuz.

Rabbimizin neyi sevip neyi sevmediğini Kur'an-ı Kerim'i okuyarak öğreniriz.

Rabbimiz çirkinlikleri sevmez. Yalancıları, haksızlık yapan zalimleri, kibirlenip böbürlenenleri, inkârcıları sevmez.

Rabbimiz, iyilik edenleri sever, adaletli davrananları, temiz olanları, fakirlere yardım edenleri sever. Verdiği sayısız nimete teşekkür edip ibadet edenleri sever.

Rabbimiz, sevdiği kullarını misafir etmek için cenneti yaratmıştır. Aklın alamayacağı güzelliklerle donatmıştır cennet bahçelerini. Cennet, sonsuz sevgi ve mutluluk yurdudur.

İslâm toplumu, sevgi toplumudur. Biz yaratılanı yaratandan ötürü severiz.

Allah, çok bağışlayandır, çok sevendir.

(Büruc Suresi, 14. ayet)

Allah israf edenleri sevmez.

(Araf Suresi, 30. ayet)

İslâm'ın şartları

Dinimizde çok önem verilen temel ibadetler vardır. Bunlara İslâm'ın şartları adı verilir. Şüphesiz ibadetler bunlarla sınırlı değildir, ama bu beş ibadet çok önemlidir:

1. Kelime-i Şehadet getirmek,
2. Günde beş vakit namaz kılmak,
3. Ramazan orucunu tutmak,
4. Zengin olanlar için zekât vermek,
5. Ömründe bir defa hacca gitmek.

İlk Adım: Kelime-i şehadet

Kelime-i şehadet "Eşhedü en lâ ilâhe illallah ve eşhedü enne Muhammeden abduhû ve rasûluh"tur. Anlamı; "Allah'tan başka tanrı olmadığını, Hazreti Muhammed'in onun kulu ve elçisi olduğunu kabul ederim." demektir. Bu sözleri söylediğimde İslâm'a ilk adımımı atar ve Müslüman olurum. Kelime-i şehadet imanın gönülden dile getirilmesidir. Bu sözlerle inanan milyonlarca ırk ve milletten insan kardeş olur. Çünkü inananlar kardeştir.

Kelime-i tevhid İslam'ın özüdür. Kelime-i tevhid "Lâ ilâhe illallah Muhammedün Rasulullah"; "Allah'tan başka hiçbir tanrı yoktur, Muhammed onun elçisidir." anlamına gelir. Bununla inancın en temel ilkesi olan Allah'a ve onun elçisine inanmak ifade edilir.

Allah'ın beni sevdiğini bilirim. Onun sevgisini kaybetmemek için çabalarım. Benim dinim barış dinidir. Huzur dinidir. Esenliğe götürür benim dinim. İyiliğe götürür, güzelliğe götürür.

Her güzel iş ibadettir

İbadet, peygamberimizden öğrendiğimiz, Allah'ı hoşnut edecek söz, davranış ve eylemlerdir. Abdest almak, namaz kılmak, güzel söz söylemek, anne ve babamıza güzel davranmak birer ibadettir. Bunların yanında insanları iyilik yapmaya teşvik etmek ve kötülüğe engel olmak, Kur'an-ı Kerim okumak, dürüst çalışmak, dargınları barıştırmak, yetim ve öksüzlere yardım etmek, insanlara iyilik yapmak da birer ibadettir.

Yuvasından düşmüş bir kuş yavrusunu yuvasına koymak, ihtiyar birinin elinden tutup yoldan geçmesine yardım etmek, hastaları ziyaret etmek, sevdiklerimize gülümsemek, susamış bir çiçeğe su vermek de birer ibadettir.

İbadetler davranışlarımızı güzelleştirir. Böylece biz güzelleşiriz, hayat güzelleşir.

Allah'ın sevgisini kazanmak için yapılan her iş ibadettir.

İbadetlerimiz, Rabbimize olan sevgimizin bir işareti ve göstergesidir.

Gösteriş için ibadet etmek, ibadetlerimizin boşa gitmesine sebep olur.

Güzel Rabbimiz, seni bir bilir ve yalnız sana ibadet ederiz.

Çünkü sadece yaratana ibadet edilir.

İbadet edilmeye layık tek varlık sensin Allah'ım.

Ben insanları ve cinleri ancak bana ibadet etsinler diye yarattım.

(Zariyat Suresi 56. ayet)

İyilik edin. Şüphesiz Allah iyilik edenleri sever.

(Bakara Suresi, 195. ayet)

Teşekkürler Rabbimiz

Bizi yoktan var eden, yaşatan, bize sayısız güzellikleri ve nimetleri veren Rabbimize teşekkür etmeli ve ona gönülden ibadet etmeliyiz.

Peki, biz yüce yaratıcımıza nasıl teşekkür edebiliriz?

Rabbimizin verdiği nimetleri yer, "Elhamdülillah" der, dilimizle teşekkür ederiz.

Kuruyan bir çiçeğe, bir fidana su verip Rabbimize bu güzel nimetleri verdiği için teşekkür ederiz.

Namaz kılarak, oruç tutarak bedenimizle teşekkür ederiz.

İhtiyaç sahiplerinin, fakirlerin, kimsesizlerin ihtiyaçlarını gidermek için zekât verip malımızla teşekkür ederiz.

Müslüman kardeşlerimizle bir arada ibadet etmek için Kâbe'yi ziyaret ederek hem malımızla hem de bedenimizle Rabbimize teşekkür ederiz.

Ben namazı nasıl kılıyorsam siz de öyle kılın.

(Buharî, "Ezan", 18)

İbadetlerimizi Peygamberimizden öğreniriz

Kutsal kitabımız Kur'an-ı Kerim'de ibadetlerimizin temel ilkeleri yer alır. Yüce kitabımızda Rabbimiz yapmamız gereken ibadetleri bizlere bildirmiştir. Bu ibadetlerin nasıl ve ne şekilde yerine getirileceğini ise bizlere, Sevgili Peygamberimiz göstermiş ve öğretmiştir. Örneğin "Ben namazı nasıl kılıyorsam siz de öyle kılın." buyurmuştur. Biz de namazlarımızı Peygamberimizin öğrettiği gibi kılarız.

Müslüman, insanların elinden ve dilinden zarar görmediği kimsedir.

(Müslim, "İman", 14)

Yüce Allah Kur'an-ı Kerim'de bütün davranışlarımızda Sevgili Peygamberimize uymamız gerektiğini, onda bizler için çok güzel örnekler olduğunu vurgulamıştır.

İbadetlerle ilgili kavramlar

İnsanın yaratıcısına karşı sorumluluğu ibadet kavramıyla ifade edilir. İbadetlerimiz için değişik kavramlar kullanılır.

Her Müslümanın mazereti olmadığı sürece yapmak zorunda olduğu davranışlara **farz** denir. Örneğin namaz kılmak, Ramazan orucunu tutmak, zekât vermek, ömründe bir kez hacca gitmek farz olan ibadetlerdir.

Müslümanlarca yapılması gerekli görülen davranışlara da **vacip** denir. Vacibin farzdan farkı, yapılması istenen davranışın farz kadar kesin olmamasıdır. Kurban kesmek, bayram ve vitir namazı kılmak, fıtır sadakası vermek vacip ibadetlerdendir.

Sevgili Peygamberimizin farz ve vacip dışında yaptığı veya yapılmasını tavsiye ettiği davranışlar dinimizde **sünnet** olarak adlandırılır. Teravih namazı kılmak, yemekten önce ve sonra elleri yıkamak, dişleri fırçalamak birer sünnettir. Sevgili Peygamberimizin daha birçok güzel davranışları ve sünnetleri vardır.

Dinimizce yapılması kesinlikle istenmeyen ve Allah'ın hiç sevmediği davranışlara **haram** denir. Örneğin adam öldürmek, yalan söylemek, hırsızlık yapmak, kumar oynamak, kötü ve haram davranışlardır. Domuz eti yemek ve içki içmek de dinimizce haram kılınarak yasaklanmıştır.

Mekruh ise dinimizce yapılması hoş karşılanmayan davranışlardır. Örneğin namazda sürekli sağa sola bakmak, çevreyi kirletmek gibi davranışlar mekruhtur ve hoş görülmez.

İbadetlerimiz ve güzel davranışlarımız sonucunda Rabbimizin bize verdiği ödüle de **sevap** adı verilir. Ahiret günü, Yüce Allah insanları güzel davranışları, iyilikleri ve sevaplarına göre cennette konuk edecektir.

Ey iman edenler! Namaz kılmak için kalktığınızda yüzlerinizi, dirseklere kadar kollarınızı yıkayın, başınızı meshedin ve topuklarınıza kadar ayağınızı yıkayın. Eğer su bulamazsanız temiz toprakla teyemmüm edin.

(Maide Suresi, 6. ayet)

TEMİZLİK İMANDANDIR

Temizlik imanın yarısıdır.

(Müslim, "Taharet", 1)

İslâm temizlik dinidir

Düzenli bir şekilde yıkanarak, dişlerimizi fırçalamalı, beden temizliğimize de dikkat etmeliyiz. Tuvalet temizliği de çok önemlidir. Ayrıca elbiselerimizi ve çevremizi de temiz tutmaya özen göstermeliyiz.

Temizlik sadece bunlardan ibaret değildir. Kalbimizi kıskançlık ve bencillik gibi kötü duygulardan temiz tutmalıyız.

Rabbimize güzel ibadet edebilmek için içimizi ve dışımızı tertemiz yapmalıyız.

Abdest aldım temizlendim

Namaz kılmak, Kâbe'yi tavaf etmek gibi pek çok ibadetlerimiz öncesinde abdest almamız gerekir. **Abdest**, ibadetler için ön hazırlık olan bir temizlenme biçimidir.

Yapacağımız işlere besmele çekerek başladığımız gibi ibadetlerimize de başlarken "Bismillâhirrahmanirrahim" deriz.

İslâm beş temel üzerine kurulmuştur: Allah'tan başka ilâh olmadığına ve Muhammed'in (sas.) onun elçisi olduğuna şahitlik etmek, namaz kılmak, zekât vermek, haccetmek ve Ramazan orucunu tutmak.

(Buharî, "İman", 2)

Abdest almaya önce besmele çekip niyet ederek başlarız. Ellerimizi yıkar, ağzımıza ve burnumuza üçer kez su alarak temizleriz. Yüzümüzü güzelce yıkadıktan sonra kollarımızı da dirseklerimizle birlikte yıkarız. Islak elimizi başımıza sürer, yani meshederiz. Yine ellerimizi ıslatıp parmaklarımızla kulaklarımızı temizledikten sonra boynumuzu da meshederiz. Son olarak ayaklarımızı da bir güzel yıkadık mı artık abdestimiz tamamdır.

Abdest alırken suyu boş yere akıtıp israf etmemeye özen gösteririz.

Vücudumuzda kırık veya yara sebebiyle sargı ya da alçı varsa böyle durumlarda elimizi ıslatıp sargının üstüne sürerek meshederiz.

Şimdi namazımızı kılabiliriz. Temiz temiz dururuz Rabbimizin huzuruna.

Günde beş defa abdest alarak vücudumuzun en çok kirlenen yerlerini yıkar, temizleriz. Abdest bize temizlik alışkanlığı da kazandırır.

Sevgili Peygamberimiz temizliğe çok önem verirdi ve temizliğine özen göstermeyen kişilerden hiç hoşlanmazdı.

Temiz olmak sağlığımızı korumamız için de gereklidir.

Abdest alırken sadece ellerimizi ayaklarımızı kirlerden arındırmayız. Aynı zamanda kalbimizi ve zihnimizi de kötü, çirkin düşüncelerden arındırarak kendimizi namaza hazırlarız.

Abdestim bozuldu mu?

Şunları yaparsak abdestimiz bozulur:

1. Küçük veya büyük tuvaletimizi yaptığımızda,
2. Vücudumuzun herhangi bir yeri kanadığında,
3. Ağız dolusu kustuğumuzda,
4. Gaz kaçırdığımızda (yellendiğimizde),
5. Uyuduğumuzda,
6. Namaz kılarken başkalarının duyacağı kadar güldüğümüzde,
7. Bayıldığımızda.

Şüphesiz Allah katında din İslâm'dır.

(Âl-i İmran Suresi 19. ayet)

Toprağa sürdüm elimi: Teyemmüm

İbadetlerimizi yaparken sıkıntılarla karşılaştığımızda dinimiz bizlere büyük kolaylık sağlar. **Teyemmüm** de böyle bir kolaylıktır. Abdest almak için su bulamamışsak veya su kullanılamayacak kadar kirli ise o zaman toprakla temizleniriz.

Teyemmüm için önce besmele çekip niyet ederiz. Sonra ellerimizin iç tarafını temiz toprağa sürer ardından ellerimizi hafifçe silkeleyip yüzümüze süreriz (meshederiz). Tekrar ellerimizi toprağa sürer kollarımızı dirseklerimizle birlikte meshederiz. Böylece teyemmüm abdesti almış oluruz. Namaz kılmak, Kâbe'yi tavaf etmek gibi abdestli olarak yapmamız gereken ibadetleri yapabiliriz.

Abdesti bozan durumlar teyemmümü de bozar. Su bulunamadığından teyemmüm alındığı için su bulunursa teyemmüm bozulmuş olur.

Sizden herhangi birinizin kapısının önünde bir ırmak bulunsa ve o kimse ırmakta günde beş defa yıkansa kendisinden kirden bir şey kalır mı? İşte beş vakit namaz da böyledir. Allah namazla hataları ve günahları siler.

(Buharî, "Mevakit", 6)

Baştan ayağa temizlendim: Boy abdesti

Gusle (boy abdestine) başlarken besmele çeker, "Gusül abdesti almaya niyet ettim." deriz. Önce ellerimizi, daha sonra vücudumuzun kirlenmiş yerleri ile edep yerini yıkayıp temizleriz.

Sağ avucumuzla ağzımıza üç defa su alıp her defasında boğazımıza kadar ağız içini iyice çalkalarız. Sonra yine sağ elle burnumuza üç defa su çekip her defasında sol elle sümkürüp burnumuzu temizleriz.

Bundan sonra namaz abdesti gibi abdest alırız. Abdestten sonra üç defa başımıza, üç defa sağ omzumuza, üç defa da sol omzumuza su dökerek yıkanırız. Her su döküşte vücudumuzu iyice ovuşturur ve kuru yer kalmamasına özen gösteririz.

Gusül abdesti sırasında kulakların iç kısmı, kulaktaki küpe delikleri, göbek deliği, diş araları ve saç diplerinin yıkanıp temizlenmesine dikkat etmemiz gerekir.

Gusül sırasında dua okunmaz, gereksiz yere konuşulmaz. Lüzumundan fazla su kullanılmaz, çünkü Allah israf edenleri sevmez.

Haftada en az bir defa yapmış olduğumuz vücut temizliğimizi, yani banyomuzu cuma günü öğleden önce gusül alarak yapabiliriz. Böylece hem haftalık temizliğimizi yapmış hem de Sevgili Peygamberimizin sünnetine uyarak Yüce Rabbimizin hoşnutluğunu kazanmış oluruz.

Namazı dosdoğru kılın, zekâtı verin. Kendiniz için her ne iyilik işlemiş olursanız, Allah katında onu bulursunuz. Şüphesiz Allah bütün yaptıklarınızı görür.

(Bakara Suresi, 110. ayet)

DİNİN DİREĞİ: NAMAZ

Namazı kılın, zekâtı verin. Rükû edenlerle birlikte siz de rükû edin.

(Bakara Suresi, 43. ayet)

İbadetlerimizden namaz

İslâm'ın temel beş şartından ikincisi namaz kılmaktır. Namaz, Rabbimize olan sevgimizi ve gönülden bağlılığımızı sürekli canlı tutmamıza yardım eden ibadetlerin başında gelir. Kitabımız Kur'an-ı Kerim ve sevgili Peygamberimizin hadislerinde namazın önemi sıkça vurgulanır. Bu yönüyle namaz dinin direği sayılan bir ibadettir.

Allah, önceki peygamberlerin ve toplumların da namaz kılmasını istemiştir.

Ergenlik çağına gelmiş, akıllı her Müslümanın namaz kılması gerekir.

Namaza hazırlık

Namaza başlamadan önce namaz kılabilmek için birtakım şartları yerine getirmemiz gerekir. Öncelikle abdestli olmalıyız. Elbiselerimiz uygun, namaz kılacağımız yer ve kıyafetimiz temiz olmalıdır. Namazın vakti girmiş olmalıdır. Örneğin akşam namazının zamanı gelmeden kılamayız. Yüzümüz Kâbe'nin olduğu yöne, yani kıbleye dönük olmalı ve sonra namaz kılmaya niyet etmeliyiz.

Namazımızı kılarken dünyanın neresinde olursak olalım yüzümüzü Allah'ın evi Kâbe'ye çevirirken gönlümüzü de Allah'tan başka her şeyden arındırıp ona yönelmeliyiz.

Namaz dinin direğidir.

(Tirmizî, "İman", 8)

Haydi namaz kılalım

Önce suyu israf etmeden güzelce bir abdest alalım. Kıyafetlerimize bir çeki düzen verip sonra annelerimizin güzel işlemeli seccadelerini kıbleye doğru serelim. Bulunduğumuz yerde seccade yoksa yerin temiz olması da yeterli olur. Toprakta bile namazımızı kılabiliriz.

Besmele çekip kılınacak namaza niyet eden erkekler, ellerinin baş parmaklarını kulağının altına hafifçe değdirir. Kadınlar ise göğüslerinin üzerine kaldırıp **Allahu ekber** diyerek namaza başlar. Erkekler göbek hizalarında, kadınlar göğüslerinin üstünde ellerini birleştirir. Sübhaneke duasını okuduktan sonra "Euzübillâhimineşşeytanirracim. Bismillâhirrahmanirrahim." diyerek euzü besmele çekip Fatiha Suresini okuruz. Fatihadan sonra bildiğimiz bir sureyi okur ve yine **Allahu ekber** diyerek ellerimizle diz kapaklarımızı tutarak rükûya eğiliriz. Rükûda üç defa **sübhane rabbiyel azim**, yani "En büyük olan Rabbim, bütün noksanlıklardan uzaksın." deriz. Rükûdan **semiallahu limen hamideh**, yani "Allahım sen şükredenleri işitirsin." diyerek doğruluruz. Ayakta **Rabbena lekelhamd**, yani "Ey Rabbimiz bütün teşekkürlerimiz sanadır." der

Şüphesiz iman edip iyi işler yapan, namazı dosdoğru kılan ve zekâtı verenlerin ödülleri Rableri katındadır. Onlara korku yoktur. Onlar mahzun da olmayacaktır.

(Bakara Suresi, 277. ayet)

ve **Allahu ekber** diyerek alnımızı yere koyup secde ederiz. Secdede 3 defa **sübhane rabbiyel âlâ**, yani "Yüceler yücesi Rabbim, bütün noksanlıklardan uzaksın." dedikten sonra **Allahu ekber** diyerek dizlerimizin üstünde bir süre otururuz. Sonra tekrar **Allahu ekber** diyerek ikinci defa secde eder ve 3 defa **sübhane rabbiyel âlâ** deriz. Secde kişinin yaratıcısına en yakın olduğu andır. **Allahu ekber** diyerek ayağa kalktığımızda namazın birinci rekâtını kılmış oluruz.

İkinci rekât için ayağa kalktığımızda besmele çekip Fatiha ve bildiğimiz bir sureyi okuruz. Birinci rekâtta olduğu gibi rükû ve secdelerimizi yapar sonra otururuz. Ettehiyyatü, Allahümme salli, Allahümme barik ve Rabbena dualarını okuduktan sonra başımızı önce sağ omzumuza, sonra da sol omzumuza doğru hafifçe çevirip **esselâmü aleyküm ve rahmetullah**, yani "Allah'ın selâmı ve rahmeti üzerine olsun." diyerek selâm verip namazımızı bitiririz. Bu şekilde 2 rekâtlık sabah namazının sünnetini kılmış oluruz.

Sabah namazının 2 rekât farzı ile bütün 2 rekât olan namazlar bu şekilde kılınır.

3 ve 4 rekâtlı namazlar da ise 2. rekâtın sonunda oturulduğunda Ettehiyyatü duası okunduktan sonra **Allahu ekber** denilerek 3. rekât için ayağa kalkılır. Besmele çekip sadece Fatiha Suresi okunur ardından rükû ve secde edilir. 4. rekât için ayağa kalkıldığında yine Fatiha Suresi okunur ve rükû, secde yapılır. 4. rekâtın sonunda oturulur ve Ettehiyyatü, Allahümme salli, Allahümme barik ve Rabbena dualarını okuduktan sonra **esselâmü aleyküm ve rahmetullah** diyerek selâm verilir.

Akşam namazının farzı 3 rekâttır. İkinci rekâttan sonra Ettehiyyatü duası okunup 3. rekât için ayağa kalkıldığında sadece besmele ile Fatiha Suresi okunur. Rükû, secde ve otururken okunan dualar aynıdır.

Namazların her rekâtında Fatiha Suresi mutlaka okunmalıdır.

Hasta olanlar namazlarını oturarak ya da yatarak ima ile (göz hareketiyle) kılabilir.

Unuttuğumuz veya kılamadığımız zaman namazlarımızı kaza ederiz. O zaman sadece namazların farzını kılarız.

Kadınlar özel durumlarında, yani adetli olduklarında namaz kılmaz ve kılamadıkları namazları da kaza etmez.

Yolculuğa çıkanlar, belli bir uzaklıktan sonra (90 km.) namazlarının farzlarını 2 rekât olarak kılar. Akşam ve vitir namazı ise kısaltılmadan kılınır. Bu, ibadetlerimizi sıkıntı çekmeden yapabilmemiz için sağlanmış büyük bir kolaylıktır.

Namazlarımızı kılarken çok hızlı hareket etmeden yavaş yavaş kılmalıyız.

Lokman Peygamberin çocuğuna verdiği öğüt:

Yavrum! Namazı dosdoğru kıl. İyiliği emret. Kötülükten alıkoy. Başına gelen kötülüklere karşı sabırlı ol.

(Lokman Suresi, 17. ayet)

Namazdan sonra dua

Namazımızı kıldıktan sonra tespih çekip dualar ederiz. Duamızda her şeyin yaratıcısı Rabbimizden isteklerimizi gerçekleştirmesini, bizlere yardım etmesini dileriz. Ne dileğimiz varsa isteriz. Çünkü Rabbimiz, elimizi açtığımızda, dualarımızı duyacak kadar yakındır bize. İçtenlikle ona yönelir, sadece ona ibadet ettiğimiz gibi sadece ondan yardım isteriz.

O namazı kılan, zekâtı veren, Allah'a ve ahiret gününe inananlar var ya, işte onlara büyük bir ödül vereceğiz.

(Nisa Suresi, 162. ayet)

Namazım bozuldu mu?

Şu davranışları yaparsak namazımız bozulur:

1. Namaz kılarken konuşmak,
2. Namazda bir şeyler yemek, içmek,
3. Namazda kendi işiteceği kadar gülmek,
4. Namazda iken kıbleden başka bir yöne dönmek,
5. Anlamı bozacak şekilde Kur'an-ı Kerim'i yanlış okumak,
6. Namazda iken abdesti bozulmak.

Namazı bozmayan bazı davranışlar vardır, ama bunlar hoş karşılanmaz. Örneğin namazda sürekli sağa sola bakmak, esnemek, gözleri yummak, bir yere dayanarak namaz kılmak gibi.

Yanılma secdesi

Namazda yanılarak ya da unutarak yaptığımız hataları gidermek için **sehiv**, yani yanılma secdesi yaparız. Meselâ namazın kaçıncı rekâtında olduğumuzu şaşırdığımızda tahmin ettiğimiz sayıya göre namazı tamamlar, namazın sonunda da yanılma secdesi yaparız.

Namazın son oturuşunda Ettehiyyatü duasını okuduktan sonra sağımıza selâm veririz. Allahu ekber diyerek iki kez secde eder ve otururuz. Diğer oturuşlarda olduğu gibi Ettehiyyatü, Allahümme salli, Allahümme barik ve Rabbena dualarını okuyarak selâm veririz.

De ki: Şüphesiz benim namazım da, diğer ibadetlerim de, yaşamım da, ölümüm de âlemlerin Rabbi Allah içindir.

(En'am Suresi, 162. ayet)

Namaza çağrı: Ezan

Ezan, namaz vakitlerini Müslümanlara bildirmek için yapılan çağrıdır.

Ezan, bir toplumun Müslüman oluşunun en önemli sembollerinden biridir.

Millî şairimiz Mehmet Âkif Ersoy İstiklâl Marşı'mızda:

Ruhumun senden ilâhî şudur ancak emeli:
Değmesin mabedimin göğsüne namahrem eli;
Bu ezanlar -ki şehadetleri dinin temeli-
Ebedî, yurdumun üstünde benim inlemeli.

diyerek ezanın önemine dikkat çekmiştir.

Ezan okunurken hiçbir şeyle meşgul olmayıp ezanı dinlemek ve sözlerini tekrar etmek suretiyle ona saygı göstermek gerekir.

Ezanın sözleri

Allahu ekber (Allah en büyüktür.) 4 defa

Eşhedü en lâ ilâhe illallah (Allah'tan başka ilâh olmadığına tanıklık ederim.) 2 defa

Eşhedü enne Muhammeden Rasulullah (Muhammed'in onun kulu ve elçisi olduğuna da tanıklık ederim.) 2 defa

Hayye alessalâh (Haydi namaz kılmaya.) 2 defa

Hayye alelfelâh (Haydi kurtuluşa ve mutluluğa.) 2 defa

Allahu ekber (Allah en büyüktür.) 2 defa

Lâ ilâhe illallah (Allah'tan başka ilâh yoktur.) 1 defa

Sabah ezanında Hayye alelfelâh dendikten sonra iki defa da 'Namaz, uykudan hayırlıdır.' anlamına gelen Essalâtü hayrun minennevm denilir.

Ezanı duyduğumuzda "Aziz Allah celle celâluhu." deriz.

Ezan bittikten sonra şu dua okunur: "Allahım! Ey bu güzel çağrının, kılacağımız namazın Rabbi olan Allah, Hazreti Muhammed'e (sas.) cennette en yüksek dereceleri ver ve onu kendisine söz verdiğin şefaat makamına eriştir. Şüphe yok ki sen sözünü tutarsın." Amin!

Camiler, mescitler

Cami, Müslümanların birlikte ibadet ettikleri kutsal yerlere denir. Camiler, toplumun merkezinde, çarşı içinde ve mahallenin ortasında bulunur. Kültürümüzde cami ve okul birliktedir. Büyük camilerin yanında okulların da yapılmasını ilk emreden Hazreti Ömer'dir. Tarih boyunca camiler sadece ibadet yeri olarak değil, toplumun eğitimi gibi başka ihtiyaçlar için de kullanılmıştır.

Camiler ferah ve aydınlıktır. Gönüller orada huzur bulur.

İmamlar, camide namazları kıldıran, dinî bilgileri öğreten ve vaaz eden dinî eğitim almış kişilerdir.

Müezzinler ise namaz vakitlerini bildirmek için ezan okuyan, farz namazlardan önce kamet getiren kişilerdir.

Kamet getirilirken ezanın sözleri aynen okunur, sadece **Hayye alelfelâh**tan sonra 'namaz başladı' anlamına gelen **kad kametis salah** denir. Erkekler, vakit namazlarının farzını kılmadan önce kamet getirir.

Kitaptan sana vahyolunanı oku, namazı da dosdoğru kıl. Çünkü namaz, insanı ahlâksızlık ve kötülükten alıkoyar. Allah'ı anmak elbette en büyük ibadettir. Allah yaptıklarınızı biliyor.

(Ankebut Suresi, 45. ayet)

Camiler ferah ve aydınlıktır.
Gönüller orada huzur bulur.

Ramazan ayında teravih namazından önce ve cuma namazından önce dinimiz İslâm'ı anlatan kişilere de **vaiz** denir. Vaizler, namaz kılmak için camiye gelenlere güzel nasihatler ve önemli bilgiler vererek dinî konularda insanları bilgilendirip aydınlatır.

Caminin yarım küre biçimindeki tavanına **kubbe** denir.

Minare, müezzinlerin ezan okudukları, ezanın uzaklardan duyulması için yapılmış ince ve uzun yapıdır. Genelde camilerde tek minare varken, büyük camilerde birden fazla minare vardır. Minare o yerleşim yerinde Müslümanların yaşadığını gösterir. Atalarımız, İstanbul başta olmak üzere Müslümanların yaşadıkları yerlere görkemli camiler yapmıştır. Camiler, Müslümanların mimaride geldikleri seviyeyi göstermesi bakımından eşsiz güzelliklerde yapılardır.

Pek çok caminin avlusunda abdest almak için yapılan çeşmeler vardır. Bu çeşmelere **şadırvan** adı verilir. Şadırvanlar, camilerimize ayrı bir güzellik katar.

Camide imamların namaz kıldırmak için durdukları kıble yönünü belirten yere **mihrap** denir. Mihrap, duvara doğru yuvarlak bir girinti şeklindedir. Mihraplar genelde rengarenk çini işlemelerle süslüdür.

Minber, genelde mihrabın hemen sağ tarafında bulunur ve merdivenli yüksekçe bir yerdir. Cuma ve bayram namazlarında imamlar minbere çıkıp hutbe okurlar. Vaizlerin konuşma yaptıkları yerlere ise **kürsü** adı verilir. Cemaatin görebilmesi için yerden biraz yüksekçedir.

Camiler, toplumsal dayanışmanın en yoğun yaşandığı yerlerden biridir. Camilerimizi elbirliğiyle yaparız. Herkes karınca kararınca destek olur ve yeni kurulan yerleşim yerleri ezan sesinden asla mahrum kalmaz. Bir de **mescit**lerimiz vardır. Küçük camilerimiz yani. Bir apartmanın altında ya da bir iş hanının herhangi bir katında bulunur.

Namaz, müminlere belirli vakitlere bağlı olarak farz kılınmıştır.

(Nisa Suresi, 103. ayet)

Beş vakit namaz

Namaz, günlük olarak yaptığımız ibadetimizdir. Günde beş vakit kılınır.

Namaz, yaratıcımız Allah'ı sürekli hatırlatarak ruhumuzu yüceltir, bizleri kötülüklerden uzaklaştırır.

Namaz öncesi aldığımız abdest, vücudumuzu temizlerken namaz da kalbimizi kötülüklerden arındırır. Günde beş kez Yüce Allah'ın huzurunda dua edip namaz kılan kişi, çirkinliklerden uzak durur.

Peygamberimiz nasıl abdest alınacağını, nasıl namaz kılınacağını bize öğretmiştir.

Beş vakit namaz, Peygamberimizin Miraca çıktığı gece farz kılınmıştır.

Günde beş vakit namaz vardır: **Sabah**, **öğle**, **ikindi**, **akşam** ve **yatsı** namazı. Namazlar vakitlerinde kılınır. Sabah namazını akşam kılamayız. Namazı zamanında kılamamışsak o zaman kazaya kalmış olur. Bu durumda kaza namazı olarak sadece namazların farzlarını kılarız.

Namazı dosdoğru kılın, zekâtı verin. Kendiniz için her ne iyilik yapmış olursanız, Allah katında onu bulursunuz. Şüphesiz Allah bütün yaptıklarınızı görür.

(Bakara Suresi, 110. ayet)

Namazlar kaç rekâttır?

Vakitler	İlk Sünnet	Farz	Son Sünnet	Toplam
Sabah Namazı	2	2		4
Öğle Namazı	4	4	2	10
İkindi Namazı	4	4		8
Akşam Namazı		3	2	5
Yatsı Namazı	4	4	2	10
Vitir Namazı			3 (vacip)	3

Birlikte namaz kılıyoruz: Cemaatle namaz

İnsanlar, sabahın erken saatlerinden itibaren işine, okuluna gider. Bu koşturmaca gün boyu devam eder. İnsanlar camide bir araya gelir. Caminin bu yönüyle toplumu birleştirici bir işlevi vardır. Camide cemaatle kılınan namaz, kardeşlik, birlik ve beraberlik duygularını güçlendirir.

Camide insanlar aynı yöne tek bir kalp ve tek bir vücut hâlinde yönelirken aralarındaki sosyal ayrılıklar kalkar, camide herkes Allah'ın huzurunda eşitlenir. Artık zengin fakir, küçük büyük aynı safta yan yana namaza durur.

Cemaatle birlikte namaz kılmaya Peygamberimiz çok önem vermiş ve cemaatle kılınan namazın tek başına kılınan namazdan kat kat daha fazla sevap olduğunu bildirmiştir.

Cemaatle namaz kılarken imama uyarız. Cemaatle namaz kılmaya niyet ederken imama uyacağımızı belirtir ve tekbirden sonra sübhaneke duasını okuduktan sonra sessizce bekleriz.

Camilerimiz hep birlikte ibadet ettiğimiz yerler olduğu için burada uyulması gereken bazı kurallar vardır. Camiye gelirken temiz olmalı ve güzel kıyafetler giymeliyiz. Camiye giderken ibadet etmek için gelen diğer insanları rahatsız etmemek için soğan, sarımsak gibi kokulu gıdalar yememeliyiz. Özellikle ibadet eden kişileri rahatsız edecek şekilde davranmamalı ve gürültü etmemeliyiz.

Namazlarımız

Günde beş vakit kıldığımız namaz, bize düzenli ve plânlı yaşama alışkanlığı kazandırır. Namaz bize Allah'ın huzurunda olduğumuzu hatırlatır. Her an Allah'ın bizimle olduğu düşüncesi bizi kötülüklerden uzaklaştırır.

Cuma namazı, her cuma günü öğle namazı vaktinde camilerde cemaatle kılınan namazdır. Cuma namazı, inananların haftalık ibadetidir. O gün camiler dolup taşar, çünkü cuma namazı evde kılınmaz, mutlaka camide cemaatle kılınması gerekir. Eskiden şehirlerde, kasabalarda cuma namazı o yerin en büyük camisinde kılınırdı. Bazı tarihî camilere ulu cami denmesi bu yüzdendir. Cuma namazı, 4 rekât ilk sünnet 2 rekât farz 4 rekât son sünnettir. Önce öğle namazının ilk sünneti gibi dört rekât sünnet kılınır, cami içinde ezan okunur. İmam minbere çıkarak hutbe okur. Hutbeden sonra kamet getirilerek cuma namazının iki rekât farzı cemaatle birlikte kılınır. Farzdan sonra ilk sünnet gibi yine dört rekât son sünnet kılınır. Cuma namazı erkeklerin kılmak zorunda olduğu bir namazdır. Ancak kadınlar da camiye gelerek cuma namazını kılabilir. Gelemeyenler ise bunun yerine öğle namazını kılar. Yolcu ve hasta olanlar cuma namazını

Ey iman edenler! Cuma günü namaz için çağrıldığınızda hemen alışverişi bırakın ve namaza koşun. Eğer bilirseniz, bu sizin için daha hayırlıdır.

(Cuma Suresi, 9. ayet)

Mümin erkek ve kadınlar birbirlerinin dostudur. İyiliği emreder, kötülükten alıkoyarlar. Namazı dosdoğru kılar, zekâtı verirler. Allah'a ve Rasulüne itaat ederler. İşte bunlara Allah merhamet edecektir. Şüphesiz Allah, mutlak güç sahibidir, hüküm ve hikmet sahibidir.

(Tevbe Suresi, 71. ayet)

kılmak zorunda değildir. Bu, dinimizin inananlara sağladığı bir kolaylıktır.

Ramazan ve Kurban bayramlarında olmak üzere yılda iki kez **bayram namazı** kılınır. Bayram namazı 2 rekâttır ve kıldığımız diğer namazlardan biraz farklıdır. Cuma namazında imam, namazı kıldırmadan önce hutbe okurken, bayram namazında namazı kıldırdıktan sonra hutbe okur. Bayram namazları güneş doğduktan sonra kılınır.

Bayram namazında her rekâtta diğer namazların rekâtlarından farklı olarak eller kulaklara kaldırılarak 3'er kez tekbir alınır. Birinci rekâtta sure okumaya başlamadan önce tekbir alınır, ikinci rekâtta ise sure okunduktan sonra tekbir alınır. Yılda iki kez kılındığı için imamlar, bayram namazının nasıl kılınacağını namazdan önce cemaate hatırlatır.

Müslümanların bazı zamanlar bir araya gelmeleri ve topluca Allah'a ibadet etmeleri onları birbirine kaynaştırır. Bayram ve cuma namazları bu bakımdan çok önemlidir.

Camilerimizi ramazan ayında bir ay boyunca küçüklü büyüklü doldurarak kıldığımız namaz ise **teravih namazı**dır. Teravih namazını yatsı namazından sonra vitirden önce kılarız. İki rekât veya dört rekâtta bir selâm vermek suretiyle kılınır. Teravihi camide kılamazsak evde tek başımıza da kılabiliriz.

Bir Müslüman öldüğünde ona dua etmek için **cenaze namazı** kılınır. Cenaze namazı herkesin yapmak zorunda olduğu bir ibadet değildir. Bazı Müslümanların cenaze namazını kılmasıyla diğer Müslümanların sorumlulukları kalkar. Cenaze namazı ayakta kılınır ve cenaze namazını kadınlar da kılabilir.

Ayrıca kılmak zorunda olmadığımız, ancak kişinin kendi isteğiyle kılabileceği namazlar vardır. Bunlara **nafile namazlar** denir. Çok istediğimiz bir işimiz gerçekleştiğinde Rabbimize teşekkür etmek için abdest alıp iki rekât namaz kılarız. Buna **şükür namazı** denir. Kandil gecelerinde de çokça nafile namaz kılınır.

Peygamberimizin sürekli olarak kıldığı gece namazı vardır. Gece namazı yani **teheccüd**, gece yarısı kalkılarak kılınan namaza denir.

OKUYALIM
Güzel Sesli Müezzin: Bilâl

Medine' de bir şeyler oluyordu?

İnsanlar akın akın mescide koşuyordu.

Evet, namaz vaktiydi ve ezan okunmaktaydı, ama farklı bir heyecan vardı insanlarda. Âdeta birbirleriyle yarış ediyorlardı mescide gitmek için. Aralarında bir şeyler mırıldanıyor ve birbirlerine sorular soruyorlardı.

İçlerinden biri, "Acaba Rasulullah mı kıldıracak namazı?" dedi.

Diğeri, "Olur mu? O Rabbine kavuştu. Sen neler söylüyorsun?" "Ama ama bu ezan..."

"Duymadın mı Bilâl okuyor ezanı, Rasulullahın güzel sesli müezzini Bilâl."

Ezan hıçkırıklarla okunmuştu. İnsanların Sevgili Peygamberimize olan özlemi gönüllerinde hüzün, gözlerinde yaş olmuştu. Bütün mescit ağlayarak dinledi ezanı.

Sevgili Peygamberimizin vefatından sonra Bilâl hiç sonuna kadar ezan okuyamamıştı. Hiç tamamlayamamıştı ezanı. "Eşhedü enne Muhammeden Rasullullah" der demez ağlamaya başlardı hep ve gerisini getiremezdi. Artık Medine'de yaşamıyordu. Medine'nin her yeri Rasulullahın hatırası ile doluydu. Geçtiği sokaklar, bastığı topraklar hep onu hatırlatıyordu. Ayrılık acısı ve duyduğu özlem dayanılmaz olmuştu.

Bu yüzden Hazreti Bilâl, Peygamberimizin yokluğunda Medine'de kalmaya dayanamadı. Hazreti Ebubekir'den izin istedi ve Şam yakınlarında bir yere yerleşti.

Hazreti Ömer döneminde Kudüs'ün fethine katıldı, ama Medine'ye dönmedi.

Bir gün rüyasında gül yüzlü Peygamberimizi gördü. "Beni ziyaret etmeyecek misin Bilâl?" diyordu. O davet ederdi de nasıl dururdu Bilâl? Rasulullahın yürüdüğü yollarda yürümeyi, dönüp de baktığı dağlara bakmayı, mescidinde namaz kılmayı nasıl da özlemişti. Gelgelelim yüreği dayanır mıydı, onu bilemiyordu Bilâl.

Çağrıya uydu ve Medine'ye geldi Peygamber Müezzini.

Dostları çok özlemişti onu.

O da dostlarını...

Güzel insanlar hasret giderdiler.

Geçmişi geldi aklına Bilâl'in. Mekke yılları, zorluk yılları canlandı gözünde.

Bir zamanlar Ümeyye adlı zorba bir kâfirin kölesiydi. Hazreti Ebubekir'in İslâm'ı anlatmasıyla gizlice Müslüman olmuştu. Müslüman olduğunu öğrenen Ümeyye Bilâl'e akıl almaz işkenceler yapmış ve kölesi Bilâl'i dininden vazgeçirmek için her yolu denemişti.

Konuştu, olmadı. Dövdü, olmadı.

Sonunda çıplak vücudunu çölün kızgın kumlarına yatırıp üzerine de kocaman bir taş koydu. Bu işkence dayanılacak gibi değildi.

Ümeyye, Bilâl'in başında duruyor ve dininden dönmesini istiyordu. Ancak Bilâl'in ağzından tek bir söz çıkıyordu:

"Lâ ilâhe illallah... Allah'tan başka ilâh yoktur tapacak!"

Günlerce sürdü bu işkence.

Bu da yetmedi boynuna ip bağlayıp Mekke sokaklarında dolaştırdı.

Hazreti Ebubekir Bilâl'i bu acımasız insanın elinden kurtarmak için çok uğraştı ve nihayet onu özgürlüğüne kavuşturdu.

Peygamberimiz, hem Bilâl'in işkencelerden kurtulmasına hem de özgürlüğüne kavuşmasına çok sevindi.

İslâm dininde siyah beyaz, köle efendi ayrımı yoktu; haksızlık ve zorbalık yoktu. O günden sonra Müslümanların yanından hiç ayrılmadı Bilâl. Medine'ye hicretten sonra inşa edilen ilk mescidin yapımında çalıştı. Artık inananlar, Medine'de güven ve huzur içinde hep birlikte ibadetlerini yerine getirebiliyordu.

Zamanla insanları namaza çağırmak için bir işaret ihtiyacı doğdu. Çünkü geç gelenler cemaate yetişemedikleri için üzülüyor, erken gelenler ise beklemek zorunda kalıyor ve işlerinden oluyorlardı.

Namaz vakitlerini bildirmek için çeşitli görüşler ileri sürüldü.

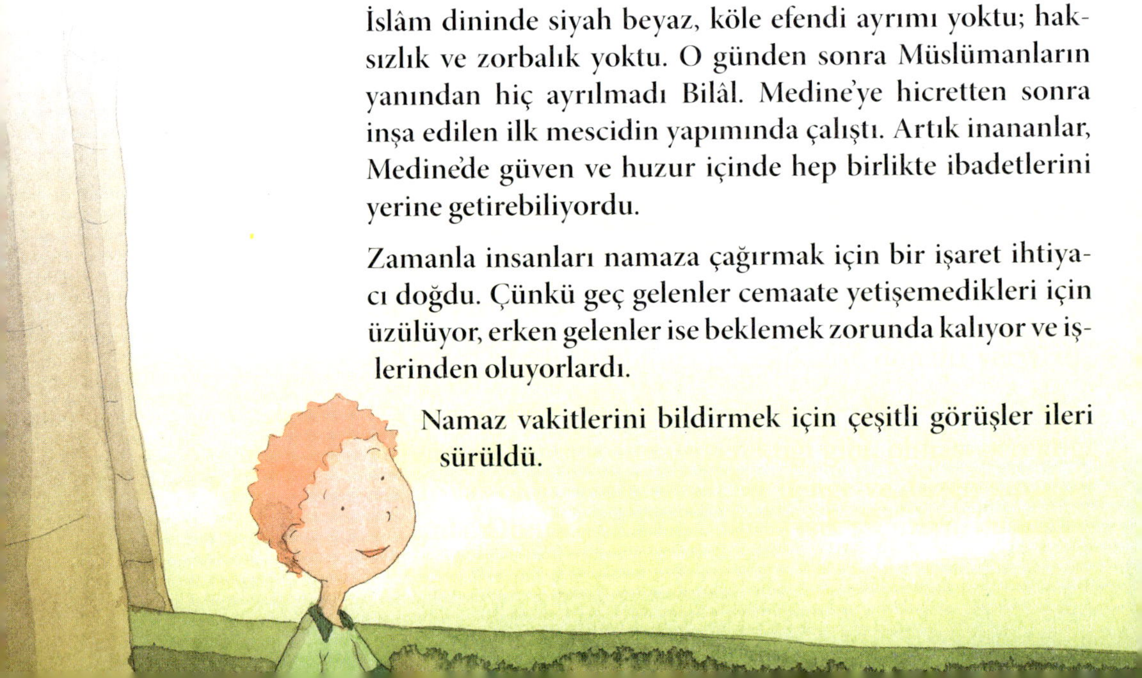

"Çan çalınsın" diyenler oldu. Çan Hristiyanların ibadete çağırma şekli olduğu için kabul görmedi.

Ateş yakarak haber verme fikri de ataşe tapanların âdeti olduğu için beğenilmedi.

Yüksek bir yere bayrak çekilmesi önerildi, bu da uygun bulunmadı.

Sonra boru ile çağıralım dendi. Bu öneri de kabul edilmedi.

Hazreti Ömer ve Zeyd Oğlu Abdullah'ın aynı gün gördükleri rüya ile ezanın sözleri Müslümanlara öğretildi. Peygamberimiz bu rüya üzerine, inananları namaza ezanla çağırmaya karar verdi. Sesi güzel olduğu için ezanın sözleri hemen Bilâl'e öğretildi ve ilk ezanı Bilâl okudu. Medine'de Müslümanlar onun etkileyici gür sesiyle namaza gelmeye başladı.

Rasulullah hayatta olduğu sürece Peygamberimizin müezzini oldu.

Öyle güzel bir sesi vardı ki ezan bitene kadar hayat dururdu sanki.

Herkes büyülenmişçesine bu güzel sese kulak verirdi.

***

İşte güzel sesli Bilâl, şimdi tekrar Medine'deydi.

Yakın arkadaşları tek bir şey istiyordu ondan. "Bir kez daha ezan okur musun?"

"Okumam!" diyordu Bilâl. "Okuyamam ki!"

Peygamberin sevgili torunları Hazreti Hasan ve Hazreti Hüseyin "Bilâl, ne olur bir kere daha ezan okusan." diye rica ettiler. Bilâl, bu ricayı kırmayarak son defa güzel sesiyle ezan okudu.

Allahu ekber Allahu ekber...

Eşhedü en lâ ilâhe illallah....

İşte Bilâl'in bu son ezanı, o kadar muhteşemdi ki onun sesini duyanlar namazı sanki Sevgili Peygamberimiz gelip kıldıracakmış gibi heyecanla mescide koştular. Bilâl'in hıçkırıklarla tamamlanan son ezanı, Medine'yi ağlatmıştı, bu Bilâl'in son ezanı oldu.

Medine'nin sevgilisi, âlemlerin efendisi olan Peygamberine son ezanı.

Hazreti Bilâl Medine ziyaretinden sonra Şam'a döndü.

Bir süre sonra da Allah'ın rahmetine kavuştu.

Kur'an'dan bildiğimiz duaların yanında ana dilimizle Türkçe dua ederiz. Dilimiz döndüğünce, gönlümüzden geldiğince dua ederiz. Rabbimiz şüphesiz dualarımızı duyar, çünkü o, bize bizden daha yakındır.

Sureler ve Dualar

Dünyadaki bütün Müslümanlar ortak ibadet diliyle yani Kur'an-ı Kerim'in diliyle ibadet eder. Namaz kılarken Kur'an-ı Kerim'deki surelerden okuruz. Namazdan sonra dua ederken Kur'an'dan bildiğimiz duaların yanında ana dilimizle Türkçe dua ederiz. Dilimiz döndüğünce, gönlümüzden geldiğince dua ederiz. Rabbimiz şüphesiz dualarımızı duyar, çünkü o, bize bizden daha yakındır.

Namazda okuduğumuz sureler ve anlamları

Fatiha Suresi

بِسْمِ اللّٰهِ الرَّحْمٰنِ الرَّح۪يمِ ﴿١﴾

اَلْحَمْدُ لِلّٰهِ رَبِّ الْعَالَم۪ينَۙ ﴿٢﴾ اَلرَّحْمٰنِ الرَّح۪يمِۙ ﴿٣﴾ مَالِكِ يَوْمِ الدّ۪ينِۜ ﴿٤﴾

اِيَّاكَ نَعْبُدُ وَاِيَّاكَ نَسْتَع۪ينُۜ ﴿٥﴾ اِهْدِنَا الصِّرَاطَ الْمُسْتَق۪يمَۙ ﴿٦﴾ صِرَاطَ

الَّذ۪ينَ اَنْعَمْتَ عَلَيْهِمْۙ غَيْرِ الْمَغْضُوبِ عَلَيْهِمْ وَلَا الضَّٓالّ۪ينَ ﴿٧﴾

Her türlü övgü, âlemlerin rabbi olan Allah içindir. O rahman ve rahimdir. Ödül ve ceza gününün tek hâkimidir. Ey güzel Allahım, yalnız senin için ibadet eder ve yalnız senden yardım isteriz. Bizi doğru yola, nimet verdiklerinin yoluna ilet. Bizi kötülerin ve doğru yoldan sapmışların yoluna değil!

Fil Suresi

بِسْمِ اللّٰهِ الرَّحْمٰنِ الرَّح۪يمِ

اَلَمْ تَرَ كَيْفَ فَعَلَ رَبُّكَ بِاَصْحَابِ الْف۪يلِ (١) اَلَمْ يَجْعَلْ كَيْدَهُمْ ف۪ي
تَضْل۪يلٍ (٢) وَاَرْسَلَ عَلَيْهِمْ طَيْرًا اَبَاب۪يلَ (٣) تَرْم۪يهِمْ بِحِجَارَةٍ مِنْ
سِجّ۪يلٍ (٤) فَجَعَلَهُمْ كَعَصْفٍ مَأْكُولٍ (٥)

(Kâbe'yi yıkmak için gelen) fil ordusuna Rabbinin neler yaptığını görmedin mi? Onların tuzaklarını boşa çıkarmadı mı? Üzerlerine sert taşlar atan sürü sürü kuşlar gönderdi. Sonunda onları darmadağın edilmiş ekin tarlasına çeviriverdi.

Kureyş Suresi

بِسْمِ اللّٰهِ الرَّحْمٰنِ الرَّح۪يمِ

لِاِيلَافِ قُرَيْشٍ (١) اِيلَافِهِمْ رِحْلَةَ الشِّتَٓاءِ وَالصَّيْفِ (٢) فَلْيَعْبُدُوا
رَبَّ هٰذَا الْبَيْتِ (٣) اَلَّذ۪ٓي اَطْعَمَهُمْ مِنْ جُوعٍ وَاٰمَنَهُمْ مِنْ خَوْفٍ (٤)

Kureyş'i güvenliğe, kış ve yaz yolculuklarında esenliğe kavuşturduğu için şu Kâbe'nin Rabbine kulluk etsinler. Öyle ki Allah, onları açken doyurdu ve tehlikelerden korudu.

Maun Suresi

بِسْمِ اللّٰهِ الرَّحْمٰنِ الرَّح۪يمِ
اَرَاَيْتَ الَّذ۪ي يُكَذِّبُ بِالدّ۪ينِۜ ﴿١﴾ فَذٰلِكَ الَّذ۪ي يَدُعُّ الْيَت۪يمَۙ ﴿٢﴾ وَلَا
يَحُضُّ عَلٰى طَعَامِ الْمِسْك۪ينِۜ ﴿٣﴾ فَوَيْلٌ لِلْمُصَلّ۪ينَۙ ﴿٤﴾ اَلَّذ۪ينَ هُمْ عَنْ
صَلَاتِهِمْ سَاهُونَۙ ﴿٥﴾ اَلَّذ۪ينَ هُمْ يُرَٓاؤُ۫نَۙ ﴿٦﴾ وَيَمْنَعُونَ الْمَاعُونَ ﴿٧﴾

Hesap ve ceza gününü yalanlayanı gördün mü? İşte o kişi, yetimi itip kakar, yoksulu doyurmayı özendirmez. Yazıklar olsun o namaz kılanlara ki onlar, namazlarını ciddiye almazlar ve gösteriş yapmak için namaz kılarlar. Üstelik bunlar, küçücük bir yardıma bile engel olurlar.

Kevser Suresi

بِسْمِ اللّٰهِ الرَّحْمٰنِ الرَّح۪يمِ
اِنَّٓا اَعْطَيْنَاكَ الْكَوْثَرَۜ ﴿١﴾ فَصَلِّ لِرَبِّكَ وَانْحَرْۜ ﴿٢﴾ اِنَّ شَانِئَكَ هُوَ الْاَبْتَرُ ﴿٣﴾

Şüphesiz biz sana Kevser'i (bol nimetler) verdik. O hâlde Rabbin için namaz kıl ve kurban kes. Asıl sana düşmanlık edenlerin soyu kesiktir.

Kâfirun Suresi

بِسْمِ اللّٰهِ الرَّحْمٰنِ الرَّح۪يمِ

قُلْ يَٓا اَيُّهَا الْكَافِرُونَۙ ﴿١﴾ لَٓا اَعْبُدُ مَا تَعْبُدُونَۙ ﴿٢﴾ وَلَٓا اَنْتُمْ
عَابِدُونَ مَٓا اَعْبُدُۚ ﴿٣﴾ وَلَٓا اَنَا۬ عَابِدٌ مَا عَبَدْتُمْۙ ﴿٤﴾ وَلَٓا اَنْتُمْ
عَابِدُونَ مَٓا اَعْبُدُۜ ﴿٥﴾ لَكُمْ د۪ينُكُمْ وَلِيَ د۪ينِ ﴿٦﴾

De ki: Ey inkâr edenler! Ben sizin tapmakta olduklarınıza tapmam. Siz de benim taptığıma tapacak değilsiniz. Ben de sizin taptıklarınıza asla tapacak değilim. Evet, siz de benim taptığıma tapacak değilsiniz. Sizin dininiz size, benim dinim de banadır.

Nasr Suresi

بِسْمِ اللّٰهِ الرَّحْمٰنِ الرَّح۪يمِ

اِذَا جَٓاءَ نَصْرُ اللّٰهِ وَالْفَتْحُۙ ﴿١﴾ وَرَاَيْتَ النَّاسَ يَدْخُلُونَ ف۪ي د۪ينِ اللّٰهِ
اَفْوَاجاًۙ ﴿٢﴾ فَسَبِّحْ بِحَمْدِ رَبِّكَ وَاسْتَغْفِرْهُۜ اِنَّهُ كَانَ تَوَّاباً ﴿٣﴾

Allah'ın yardımı ve zaferi gerçekleştiğinde, insanların akın akın Allah'ın dinini kabul ettiklerini gördüğünde, Rabbinin sonsuz yüceliğini an ve onu övgüyle tespih et. Ondan bağışlanma dile. Çünkü o tövbeleri çok kabul edendir.

Leheb Suresi

بِسْمِ اللّٰهِ الرَّحْمٰنِ الرَّح۪يمِ

تَبَّتْ يَدَٓا اَب۪ي لَهَبٍ وَتَبَّۜ ﴿١﴾ مَٓا اَغْنٰى عَنْهُ مَالُهُ وَمَا كَسَبَۜ ﴿٢﴾ سَيَصْلٰى نَارًا ذَاتَ لَهَبٍۚ ﴿٣﴾ وَامْرَاَتُهُۜ حَمَّالَةَ الْحَطَبِۚ ﴿٤﴾ ف۪يج۪يدِهَا حَبْلٌ مِنْ مَسَدٍ ﴿٥﴾

Ebu Leheb'in elleri kurusun! Zaten kurudu da. Ona ne malının ne de kazandıklarının bir faydası oldu. O, alevli bir ateşe atılacaktır. Boynunda bükülmüş hurma liflerinden bir ip olduğu hâlde sırtında odun taşıyarak karısı da o ateşe girecektir.

İhlâs Suresi

بِسْمِ اللّٰهِ الرَّحْمٰنِ الرَّح۪يمِ

قُلْ هُوَ اللّٰهُ اَحَدٌۚ ﴿١﴾ اَللّٰهُ الصَّمَدُۚ ﴿٢﴾ لَمْ يَلِدْ وَلَمْ يُولَدْۙ ﴿٣﴾ وَلَمْ يَكُنْ لَهُ كُفُوًا اَحَدٌ ﴿٤﴾

De ki: O Allah birdir. Her şey varlığını ona borçludur, ona muhtaçtır, o hiçbir şeye muhtaç değildir. O, ne doğurmuş ne de birisi tarafından doğrulmuştur. Hiçbir şey ona denk değildir.

Felâk Suresi

بِسْمِ اللّٰهِ الرَّحْمٰنِ الرَّح۪يمِ

قُلْ اَعُوذُ بِرَبِّ الْفَلَقِۙ ﴿١﴾ مِنْ شَرِّ مَا خَلَقَۙ ﴿٢﴾ وَمِنْ شَرِّ غَاسِقٍ اِذَا
وَقَبَۙ ﴿٣﴾ وَمِنْ شَرِّ النَّفَّاثَاتِ فِي الْعُقَدِۙ ﴿٤﴾ وَمِنْ شَرِّ حَاسِدٍ اِذَا
حَسَدَ ﴿٥﴾

De ki: Yaratılmışların kötülüğünden, karanlığı çöktüğü zaman gecenin kötülüğünden, büyü yapanların kötülüğünden, kıskanç kişilerin kötülüğünden, sabah aydınlığının Rabbine sığınırım.

Nas Suresi

بِسْمِ اللّٰهِ الرَّحْمٰنِ الرَّح۪يمِ

قُلْ اَعُوذُ بِرَبِّ النَّاسِۙ ﴿١﴾ مَلِكِ النَّاسِۙ ﴿٢﴾ اِلٰهِ النَّاسِۙ ﴿٣﴾ مِنْ شَرِّ
الْوَسْوَاسِ الْخَنَّاسِۙ ﴿٤﴾ اَلَّذ۪ي يُوَسْوِسُ ف۪ي صُدُورِ النَّاسِۙ ﴿٥﴾ مِنَ الْجِنَّةِ
وَالنَّاسِ ﴿٦﴾

De ki: İnsanların ve cinlerin kötülüklerinden, kalplerine vesvese sokan sinsi vesvesecinin kötülüğünden, insanların Rabbine, insanların gerçek sahibine, insanların ilâhına sığınırım.

Namazda okuduğumuz dualar ve anlamları

Sübhaneke Duası

سُبْحَانَكَ اللّٰهُمَّ وَبِحَمْدِكَ ❋ وَتَبَارَكَ اسْمُكَ ❋ وَتَعَالٰى جَدُّكَ ❋
(وَجَلَّ ثَنَائُكَ) ❋ وَلَآ اِلٰهَ غَيْرُكَ ❋

Allahım seni eksikliliklerden uzak tutar ve sana hamd ederim. Senin adın kutludur ve şanın çok yücedir. Senden başka ibadet edilecek tanrı yoktur. (*vecelle senâük* kısmı sadece cenaze namazında okunur.)

Ettehiyyatü Duası

اَلتَّحِيَّاتُ لِلّٰهِ وَالصَّلَوَاتُ وَالطَّيِّبَاتُ ❋ اَلسَّلَامُ عَلَيْكَ اَيُّهَا النَّبِيُّ
وَرَحْمَةُ اللّٰهِ وَبَرَكَاتُهُ ❋ اَلسَّلَامُ عَلَيْنَا وَعَلٰى عِبَادِ اللّٰهِ الصَّالِحِينَ ❋
اَشْهَدُ اَنْ لَآ اِلٰهَ اِلَّا اللّٰهُ ❋ وَاَشْهَدُ اَنَّ مُحَمَّدًا عَبْدُهُ وَرَسُولُهُ ❋

Dil, beden ve mal ile yapılan ibadetlerin hepsi Allah içindir. Ey Peygamberimiz, sana selâm olsun, Allah'ın rahmeti ve bereketi seninle olsun. Selâm, bizlere ve Allah'ın iyi kullarının üzerine de olsun. Allah'tan başka ilâh olmadığına tanıklık ederim. Yine tanıklık ederim ki Hazreti Muhammed onun kulu ve elçisidir.

Allahümme Salli Duası

اَللّٰهُمَّ صَلِّ عَلٰى مُحَمَّدٍ وَعَلٰٓى اٰلِ مُحَمَّدٍ * كَمَا صَلَّيْتَ عَلٰٓى اِبْرٰهِيمَ
وَعَلٰٓى اٰلِ اِبْرٰهِيمَ * اِنَّكَ حَمِيدٌ مَجِيدٌ *

Allahım! İbrahim Peygambere ve onun yakınlarına rahmet ettiğin gibi Muhammed'e ve onun yakınlarına da rahmet et. Gerçekten sen övülen ve şanı yüce olansın.

Allahümme Barik Duası

اَللّٰهُمَّ بَارِكْ عَلٰى مُحَمَّدٍ وَعَلٰٓى اٰلِ مُحَمَّدٍ * كَمَا بَارَكْتَ عَلٰٓى اِبْرٰهِيمَ
وَعَلٰٓى اٰلِ اِبْرٰهِيمَ * اِنَّكَ حَمِيدٌ مَجِيدٌ *

Allahım! İbrahim Peygambere ve onun yakınlarına bereket verdiğin gibi Muhammed'e ve onun yakınlarına da bereket ver. Şüphesiz övgüler sanadır ve sen çok yücesin.

Rabbena Duaları

رَبَّنَٓا اٰتِنَا فِى الدُّنْيَا حَسَنَةً وَفِى الْاٰخِرَةِ حَسَنَةً وَقِنَا عَذَابَ النَّارِ *
رَبَّنَا اغْفِرْلِى وَلِوَالِدَىَّ وَلِلْمُؤْمِنِينَ يَوْمَ يَقُومُ الْحِسَابُ *
بِرَحْمَتِكَ يَٓا اَرْحَمَ الرَّاحِمِينَ *

Rabbimiz! Bize dünyada ve ahirette iyilik ver, bizi ateş azabından koru. Ey Rabbimiz, dünyada yaptıklarımızdan hesaba çekileceğimiz gün beni, anamı, babamı ve bütün inananları bağışla.

Kunut Duaları

اَللّٰهُمَّ اِنَّا نَسْتَعِينُكَ وَنَسْتَغْفِرُكَ وَنَسْتَهْدِيكَ * وَنُؤْمِنُ بِكَ وَنَتُوبُ
اِلَيْكَ * وَنَتَوَكَّلُ عَلَيْكَ * وَنُثْنِى عَلَيْكَ * الْخَيْرَ كُلَّهُ نَشْكُرُكَ وَلَا
نَكْفُرُكَ * وَنَخْلَعُ وَنَتْرُكُ مَنْ يَفْجُرُكَ *

Allahım! Biz senden yardım isteriz. Günahlarımızı örtmeni, doğru yola iletmeni dileriz. Allahım! Sana inanır ve bağışlanma dileyip sana yöneliriz. İşlerimizde sana dayanır ve sana güveniriz. Seni överiz. Bütün iyi işlerin senin yardımınla gerçekleştiğini biliriz. Verdiğin bunca nimetten dolayı sana şükrederiz ve nankörlük etmeyiz. Senin nimetlerini inkâr edenlerden uzak dururuz.

اَللّٰهُمَّ اِيَّاكَ نَعْبُدُ وَلَكَ نُصَلِّى وَنَسْجُدُ * وَاِلَيْكَ نَسْعٰى وَنَحْفِدُ *
نَرْجُو رَحْمَتَكَ * وَنَخْشٰى عَذَابَكَ * اِنَّ عَذَابَكَ بِالْكُفَّارِ مُلْحِقٌ *

Allahım! Biz ancak sana ibadet ve kulluk ederiz. Ancak senin için namaz kılar, yalnızca sana secde ederiz. Senin hoşnutluğunu kazanmak için çalışırız. İbadetleri sevinçle yaparız. Merhametini diler, cezalandırmandan çekiniriz. Şüphesiz sen, inkâr edenleri cezalandırırsın.

Oruç sabrın yarısıdır.

(İbn Mace, "Sıyam", 44)

Sabır İbadeti: Oruç

Ramazan geldi hoş geldi

Ramazan ayı Müslümanlar için ayrı bir öneme sahiptir. Yüce Kitabımız Kur'an-ı Kerim bu ayda inmeye başlamıştır. Bin aydan daha hayırlı olan Kadir gecesi bu ayın içindedir. İçimizi ve dışımızı kötülüklerden temizleyen oruç bu aydadır.

Yüce Rabbimiz, hicretten bir buçuk sene sonra indirdiği şu ayetiyle Müslümanlara oruç tutmalarını farz kılmıştır: "Ey inananlar! Oruç, Allah'a karşı gelmekten sakınmanız için sizden öncekilere farz kılındığı gibi size de farz kılındı." (Bakara Suresi, 183. ayet)

Ramazan coşku ve sevinçle karşılanır. Oruca hazırlanma telâşı her yanı sarar. Evlerde, çarşılarda bir koşuşturma başlar. Hazırlıklar yapar annelerimiz, ninelerimiz. Bu ayda ibadetlerimizin neşesi artar, sofralarımız misafirlerle bereketlenir. Camilerin minarelerinde kandiller ışıl ışıl yanar. Minareler arasındaki mahyalarda güzel sözler ışıldar. Camiler dolar taşar. Fakirler sevindirilir. Bir ay boyunca oruç tutulur.

Oruç, gönüllerimizi ışık gibi aydınlatır ve bizi Rabbimize yakınlaştırır.

Kur'an ayı: Ramazan

Kitabımız Kur'an-ı Kerim, Ramazan ayında indirilmeye başlamıştır. Allah, vahiy meleği Cebrail aracılığıyla 610 yılının Ramazan ayında Kadir gecesi "Oku!" ile başlayan Kur'an-ı Kerim'in ilk ayetlerini gönderdi. Her Ramazan geldiğinde Peygamberimiz o güne kadar gelen ayetleri Cebrail'e okur, Cebrail de ona okurdu. Böylece vahiy meleği Cebrail ile Sevgili Peygamberimiz bütün ayetleri okuyup gözden geçirmiş olurlardı. Bu şekilde Kur'an-ı Kerim'i karşılıklı baştan sona kadar okumaya **mukabele** denir. Peygamberimizin bu geleneği, vefatından günümüze kadar Müslümanlar tarafından Ramazan ayında yaşatılmaktadır. Camilerde bu ayda Müslümanlar, Kur'an-ı Kerim'i başından sonuna kadar okuyup hatmeder.

Sahur yemeği yeyiniz. Çünkü sahurda bereket vardır.

(Buharî, "Savm", 20)

Davullar çalıyor, sahura kalkıyoruz

Ramazan ayı girince geceleyin ışıkları yanan evler nasıl da çoğalır. Davulcular gümbür gümbür davullarını çalarken bir yandan da maniler okur. Geceleyin

İftar duası

Ey Rabbim! Senin rızan için oruç tuttum, sana inandım, sana güvendim. Senin verdiğin nimetlerle orucumu açtım. Hamd olsun verdiğin nimetlere, sağlık ve afiyete.

Amin!

sahur vakti kalkar, orucu tutabilmek için yemek yeriz. Sahura kalkamayanlar da oruçlarını tutar, ancak açlık ve susuzluğa dayanabilmemiz için sahur yemeğini yememiz bize büyük kolaylık sağlar. Sahur yemeği evimizin bereketini artırır. Yemeğimizi yedikten sonra dişlerimizi fırçalar, ağzımızı iyice temizleriz. "Allahım senin rızan için yarınki orucuma niyet ediyorum." deriz. İmsak vaktinin girdiğini müezzinin okuduğu güzel sabah ezanıyla öğreniriz. Ezan okununca anlarız ki artık oruç başlamıştır. Ezandan bir müddet sonra sabah namazımızı kılıp yatarız. Artık tan yerinin ağarmasından güneşin batmasına kadar yemeyiz, içmeyiz. Ta ki iftara kadar.

Oruç neşesi

İyi bir Müslüman olmak için yapmamız gereken ibadetleri yalnızca yaratan Rabbimizin hoşnutluğunu kazanmak için yaparız elbet. Fakat tüm ibadetler aynı zamanda kendimiz ve toplumumuz için özünde büyük faydalar taşır. **Oruç** bu yönüyle çok önemli bir ibadettir.

On bir ay boyunca durmaksızın çalışan vücudumuz dinlenir. Sevgili peygamberimizin "Oruç tutun, sağlıklı olun." (Müsned, II, 380) tavsiyesiyle sağlık buluruz.

Oruç irademizi güçlendirir. Sabretmeyi öğretir bize. Âdeta baştan başa bir sabır eğitimidir.

Oruçluyken gözlerimiz saatlerde, kulaklarımız ezan sesinde iftarı bekleriz. Bazen de top atılır iftarı haber vermek için. Müezzin Allahu ekber deyince tatlı bekleyiş sona erer. Verdiği birbirinden güzel yiyecekler için Rabbimize şükredip dua ettikten sonra orucumuzu açarız.

Yediklerimiz bal gibidir, annemizin yaptığı yemeklerin tadı hiç olmadığı kadar lezzetlidir. Oruç tutarken nasıl özleriz her zaman yediğimiz içtiğimiz şeyleri. İçtiğimiz su daha önce içtiklerimizin en tatlısıdır. Rabbimizin verdiği nimetlerin değerini daha iyi anlarız. Yoksulların, açların hâlini daha iyi kavrarız. Bize verdiği nimetler için Rabbimize yürekten teşekkür ederiz. Bizleri bu güzel yiyeceklerden mahrum bırakmaması için ona dua ederiz.

Oruç ayında; oruçluyken, iftar sofralarında, sahur yemeğinde gece gümbür gümbür vuran davulların coşkulu sesinde, minarelerdeki mahyaların ışıltısında, Ramazan pidesinin nefis kokusunda, bayram şekerinin tadında hep bu neşe ve sevinç vardır.

Davet var!

Ramazanda komşular, akrabalar birbirlerini iftar yemeğine davet eder. Uzun süredir görmediğimiz yakınlarımızı iftar sofrasında görürüz. Bir yandan yemekler yenirken öte yandan da hoş sohbetler yapılır. İftarlar akrabalık ve dostluk bağlarını güçlendirir. Ekonomik durumu iyi olanlar yoksullara iftar yemekleri verir. Mahallemizde kimsesiz ve fakirleri iftara davet ederek onları

O sayılı günler, insanlar için bir hidayet rehberi, doğru yolun ve hak ile batılı birbirinden ayırmanın apaçık delilleri olarak Kur'an'ın kendisinde indirildiği Ramazan ayıdır. Öyle ise içinizden kim bu aya ulaşırsa, onu oruçla geçirsin. Kim de hasta veya yolcu olursa, tutamadığı günler sayısınca başka günlerde tutsun. Allah, size kolaylık diler, zorluk dilemez. Bu da sayıyı tamamlamanız ve hidayete ulaştırmasına karşılık Allah'ı yüceltmeniz ve şükretmeniz içindir.

(Bakara Suresi, 185. ayet)

Şüphesiz biz Kur'an'ı Kadir gecesinde indirdik. Kadir gecesinin ne olduğunu sen nereden bileceksin! Kadir gecesi bin aydan daha hayırlıdır. Melekler ve Cebrail o gecede, Rablerinin izniyle her türlü iş için durmadan inerler. O gece, tan yerinin ağarmasına kadar bir esenliktir.

(Kadir Suresi)

unutmadığımızı hissettiririz. Şehirlerde büyük iftar çadırları kurulur, bazı kuruluşlar iftar yemekleri verir. Evine iftara yetişemeyenler, öğrenciler, kimsesizler burada iftarlarını açar.

Teravih namazına gidiyoruz

Ramazan ayında camilerimiz, mescitlerimiz şenlenir. İnsanlar iftarlarını yaptıktan sonra akın akın camilere gider. Camilerimiz dolup taşar. Kadın, erkek, yaşlı, çocuk hep birlikte teravih namazını kılar.

Sünnet olan **teravih namazı** yatsı namazından sonra 20 rekât kılınır. Ardından da vitir namazı kılınır.

Kutlu gece: Kadir gecesi

Kur'an-ı Kerim'in ilk ayetlerinin indiği geceye **Kadir gecesi** denir. Kur'an-ı Kerim, bu geceyi bin aydan daha hayırlı bir gece olarak tanımlar. Müslümanlar, Ramazan ayının son on gününün gecesini, özellikle 27. gecesini Kadir gecesi olarak kutlar. Bu gecede çokça ibadet edip kusurlarımızın affedilmesi için ve Rabbimizin bizi cennetine kabul etmesi için ona gönülden dua ederiz. Bütün inananlar Kadir gecesinde camileri doldurarak ibadet ve dua eder.

Işıl ışıl kandiller

Bayram günleri gibi kandil günlerini de coşkuyla kutlarız. Her köşede kandil simitleri satılır. Annemiz, babamız, ninelerimiz, dedelerimiz Kur'an-ı Kerim okur, dua ve ibadet eder.

Kandil akşamları camilerin iki minaresi arasına ışıklı yazılar asılır. Bunlara **mahya** denir.

Mevlit Kandili: Rebiülevvel ayının 12. gecesidir. Sevgili Peygamberimizin dünyaya geldiği gündür.

Regaip Kandili: Recep ayının ilk cuma gecesidir. Allah'ın rahmet ve bağışlamasının çok olduğu gecedir.

Miraç Kandili: Recep ayının 27. gecesidir. Bu gece Peygamberimiz göğe yükselmiştir.

Berat Kandili: Şaban ayının 15. gecesidir. Allah, Peygamberimizin izinden giden müminleri bu gecede bağışlayıp ödüllendireceğini bildirmiştir.

Kadir Gecesi: Ramazan ayının 27. gecesidir. Kur'an-ı Kerim bu gecede indirilmeye başlanmıştır.

Kim inanarak ve karşılığını Allah'tan bekleyerek Ramazan orucunu tutarsa geçmiş günahları bağışlanır.

(Buharî, "Savm", 6)

Kimler oruç tutar?

Akıl sağlığı yerinde olan, ergenlik çağına gelmiş her Müslümanın oruç tutması gerekir. Peki hasta olanlar ne yapacak? Ramazan ayında oruç tutamayacak kadar hasta olanlar tutamadıkları oruçlarını iyileştiklerinde tutar. 10 gün tutamadıysa iyileşince 10 gün, 3 gün tutamadıysa 3 gün oruç tutarlar. Bir de oruç tutamayacak kadar çok yaşlı ve ağır hastalar vardır. Onlar da tutamadıkları oruçlar için **fidye** adı verilen sadaka verirler. Fakirlere verilen bu sadaka, her oruç için bir kişinin günlük gıda ihtiyacını karşılayacak kadar olmalıdır.

Zorunlu olarak tutulması gereken Ramazan orucunun dışında Müslümanlar, istedikleri zaman Allah'a yakınlaşmak için oruç tutabilir.

Oruç bir kalkandır; sakın oruçluyken cahillik edip kimseye kötü söz söylemeyin. Birisi size sataşacak olursa ben oruçluyum, ben oruçluyum, deyin.

(Buharî, "Savm", 9)

Özellikle pazartesi ve perşembe günleri oruç tutmak Peygamberimizin sünnetidir.

Yüce Allah, bayram yapalım diye Ramazan ve Kurban bayramlarında oruç tutmamızı yasaklamıştır.

Orucum bozuldu mu?

Bilerek bir şey yemek ve içmek orucu bozar. Hastalanma gibi bir mazereti olmadan bilerek orucunu bozanlar, bunun karşılığında Ramazandan sonra bozdukları orucun kazası için bir gün, bilerek orucu bozdukları için de iki ay ara vermeksizin ceza orucu tutar. Bazen oruç tutarken unutarak yediğimiz içtiğimiz olur. Bu durumlarda orucumuz bozulmaz. Oruçlu olduğumuzu hatırladığımızda hemen ağzımızı temizleyip oruca devam etmemiz gerekir.

Oruç, Allah'ın en çok sevdiği ibadetlerin başında gelir. Oruç, sadece aç ve susuz kalınarak tutulmaz. Bu sebeple oruç tutarken her zamankinden daha iyi davranışlarda bulunmalı; namazlarımızı vaktinde kılmaya, Kur'an-ı Kerim'i çok okumaya özen göstermeliyiz. Ağzımızdan kötü sözler çıkmamalı, kaba davranıp kimseyi incitmemeliyiz. Bunlara dikkat ederek tuttuğumuz oruçlarla Rabbimizin sevgisini daha çok kazanmış oluruz.

Bayram geldi hoş geldi

Bayramdan önceki güne **arefe** denir. Arefe günü çarşı pazar, bayram alışverişi yapanlarla öylesine doludur ki adım atmak neredeyse imkânsızdır. Genelde arefe günü mezar ziyaretleri de yapılır. Vefat etmiş yakınlarımız, atalarımız mezarları başında Fatiha okunarak, dualar edilerek anılır. Böylece bayram öncesi onları da unutmamış oluruz.

Ramazan ayında oruçlarımızı tuttuktan sonra **bayram** ederiz. Bayramlarımız ne güzel olur. Nasıl özlemle bekleriz bayramları. Seviniriz, sevindiririz. Sabah erkenden kalkar, büyük küçük hep beraber camilere akın ederiz. Biraz geç kalmışsak camide yer bulmakta güçlük çekeriz. Evler dolar taşar misafirlerle. Bayramlık yepyeni giysilerimizle büyüklerimizin ellerinden öperiz. Çocukların cepleri harçlıkla ve şekerle dolar. Annelerimiz, bir ay boyunca oruç tutan ağızlarımızı tatlandırmak için nefis tatlılar, börekler yapar. Şekerlikler misafirler için doldurulur, kahveler yapılır, ağızlar tatlanır.

Bayramlar küskün, dargın olanların barıştığı güzel günlerdir. Bu günler bulunmaz fırsatlardır. Kalpler yumuşayıverir. Eller birleşir, kırgınlıklar kalkar, dostluklar kurulur yeniden.

Yer gök bayramı eder bizimle.

PAYLAŞMA İBADETİ: ZEKÂT

Birlikte yaşıyoruz

İnsanlar birlikte yaşar. Topluluklar hâlinde yaşamaya bir bakıma mecburuz, çünkü ekmeğimizi fırıncı yapar, elbiselerimizi terzi diker, öğretmenlerimiz öğretir, polis korur bizi. Toplumu oluşturan bireyler arasında bir iş bölümü vardır. Tek başına bir kişi bütün bu ihtiyaçlarını gideremez. Bunun için hep beraber köylerde, kentlerde yaşarız. Birlikte yaşamak, dayanışma ve yardımlaşmayı zorunlu kılar.

İnsanlar ekonomik ve sosyal açıdan farklı özelliklere sahiptir. Kimimizin maddî durumu iyidir, kimimizin ise kötüdür. Zengin insanlar, ihtiyaç sahiplerine yardım elini uzatıp onların sorunlarını gidermelidir. Toplumda yardımlaşma ve dayanışma duygularının güçlü olmasıyla insanlar sıkıntılı zamanlarda birbirlerine destek olmalıdır. Yetimlere, dullara, çalışamayacak durumda olanlara kol kanat gerilmesi gerekir. Yoksa toplumun huzuru bozulur. İnsanlar, çaresiz kalınca kötü yola düşebilir. Hırsızlık, kapkaç, yankesicilik artar. Oysa yoksulların ihtiyaçlarının giderildiği bir toplumda kin ve nefret duyguları olmaz; sevgi ve hoşgörü yaygınlaşır.

Paylaşalım, yardımlaşalım

Yaratan ve yaşatan Rabbimiz biz insanlara sayısız nimetler vermiştir. Herkesin sahip olduğu nimet farklı farklıdır. Kimimizin maddî imkânları daha geniştir. Maddî durumu iyi olanlar, ihtiyaç içinde olanlara destek vererek onların sıkıntısını gidermelidir. Çünkü dinimiz paylaşmaya önem verir. Paylaşmayı ve yardımlaşmayı engelleyen davranışları yani cimrilik, kıskançlık ve fakirleri hor görmeyi dinimiz hoş karşılamamıştır. Sevinçler paylaştıkça çoğalır, sıkıntılar paylaştıkça azalır.

Zekât mal ile yapılan bir ibadettir.

Allah'ın verdiği nimetlere malımızla teşekkür etmek için zekât veririz.

Zekât temizlemek, arınmak ve bereket anlamlarına gelir. Zekât, dinimizce zengin sayılan Müslümanlara farz kılınmıştır. Temel ihtiyaçlar karşılandıktan sonra, yeterli sayılan mal ya da paranın bir yıl sonra belli bir miktarı ihtiyaç sahiplerine verilir.

Zekât, varlıklı Müslümanların malları ve kazançları üzerinde yoksulların hakkı olarak yılda bir kez verilir. Bu yönüyle dinî ve vicdanî bir sorumluluktur.

Zekât, toplumsal dayanışmayı güçlendirerek kişiye paylaşma bilinci kazandırır. Yaşadığımız toplumda varlıklı kişiler zekâtlarını verdikleri zaman hırsızlık, dilencilik gibi kötü davranışlar da azalır.

İnananlar birbirine merhamet etmekte, birbirlerini sevmekte ve birbirlerini korumakta bir vücudun organları gibidir. Vücudun herhangi bir organı ağrıdığında bütün vücut bundan nasıl rahatsız olursa bir mümin de sıkıntı içinde bulunduğunda diğer müminler onun sıkıntısını paylaşır, derdiyle dertlenir, üzüntüsüyle üzülürler.

(Buharî, "Edep", 78)

Veren el alan elden daha hayırlıdır.

(Buharî, "Zekât", 18)

Merhamet köprüsü

Namaz manevî, zekât ise maddî ve sosyal yönü ağır basan bir ibadettir. Namazın bireysel, zekâtın toplumsal eğitici yönü vardır. Namaz ve zekât, yüce kitabımız Kur'an-ı Kerim'de çoğunlukla birlikte geçer ve sıkça tekrarlanır.

Zekât farz olmadan önce, fakirlere gönüllü olarak yardım yapılır ve sadaka verilirdi. Sevgili Peygamberimiz Medine'de devletini kurunca zekât, Müslümanlara fakirlere ödenmek için verilmesi zorunlu bir ibadet olarak emredildi.

Açlık ve yoksulluk bugün de dünyamızın çeşitli yerlerinde varlığını sürdürmektedir. Özellikle Afrika'da binlerce çocuk açlıkla ve ölümle yüz yüzedir. Bunun sebebi imkânların kısıtlı olması değil, zenginlerin gittikçe zenginleşirken yoksulların daha da yoksullaşmasıdır. Günümüz insanının merhamet duygusunun azalması bu uçurumu derinleştirmektedir.

Zekât sadece zenginden fakire akan bir mal değişimi değil, aynı zamanda kalpten kalbe, insandan insana kurulan şefkat ve merhamet köprüsüdür.

Zekât, yoksulların sefaletini giderdiği gibi zenginlerin de malını, parasını bereketlendirir ve aynı toplumda yaşadıkları fakir insanlara karşı kayıtsız kalmalarını önler. İnsanlar arasında maddî imkân bakımından doğan derin uçurumları azaltır. Zenginle fakir arasındaki fark azaltılmazsa toplumda sosyal sıkıntılar başlayabilir.

İslâm'ın bu emri, Müslüman toplumlarda vakıfların kurulmasına sebep olmuştur. Vakıflar, İslâm medeniyetine özgü kurumlardır. Vakıf, yardımlaşma ruhunun bir meyvesi olarak ve zekâtın eğitici etkisiyle doğmuş ve kurumsallaşmıştır.

Namaz ile zekât dinimizin çok önem verdiği iki ibadettir. Çünkü veren el alan elden daha hayırlıdır. İnsanlar, çalışıp bir an önce veren el olmak için çaba harcar. Öyle ki bazı durumlarda insanların gayretleriyle düzeltemeyecekleri ekonomik sorunları olabilir. Sakatlık, afetler gibi durumlar böyledir. Hiç şüphesiz zekât ve sadaka vermek ve böylece paylaşmak, yardımlaşmak, insanların derdine ortak olmak büyük bir erdemdir.

Kimler zekât verir?

Bir insanın zekât verebilmesi için zengin olması, zengin olabilmesi için de çalışıp üretmesi gerekir. Kitabımız Kur'an-ı Kerim'de "İnsan için ancak çalıştığı vardır." (Necm Suresi, 39. ayet) buyurulmaktadır. Dinimiz tembelliği, çalışmadan haksız bir şekilde kazanmayı, başkalarının sırtından geçinmeyi hoş görmez. Nitekim Sevgili Peygamberimiz dilenmek isteyen bir kişiye çalışmasını öğütlemiş ve "Hiç kimse elinin emeğinden daha hayırlısını yememiştir." (Buharî "Büyu", 15) buyurmuştur.

Zekâtı varlıklı olan, akıllı, yetişkin Müslümanlar verir. Bir Müslüman ev, eşya, araba gibi temel ihtiyaçlarının dışında belirli bir miktar mala veya paraya sahip ise zekât vermesi gerekir.

Zekât verecek miktarda mala sahip olan Müslümanlar, üzerinden bir yıl geçince zekâtını verir.

Ey iman edenler! Kazandıklarınızın iyilerinden ve yerden sizin için çıkardıklarımızdan Allah yolunda harcayın. Kendinizin göz yummadan alıcısı olmayacağınız kötü malı hayır diye vermeye kalkışmayın ve bilin ki Allah, her bakımdan zengindir, övülmeye lâyıktır.

(Bakara Suresi, 267. ayet)

Sadakalar (zekâtlar), Allah'tan bir farz olarak ancak fakirler, düşkünler, zekât toplayan memurlar, kalpleri İslâm'a ısındırılacak olanlarla (özgürlüğüne kavuşturulacak) köleler, borçlular, Allah yolunda cihat edenler ve yolda kalmış yolcular içindir. Allah, hakkıyla bilendir, hüküm ve hikmet sahibidir.

(Tevbe Suresi, 60. ayet)

Zekât nelerden verilir?

- Altın, gümüş, para (% 2,5 oranında)
- Topraktan elde edilen ürünler (% 10 oranında)
- Koyun, keçi gibi küçük baş hayvanlar (% 2,5 oranında)
- Sığır gibi büyük baş hayvanlar (yaklaşık % 3,3 oranında)
- Ticaret malları (% 2,5 oranında)
- Kira gelirlerinden (% 2,5 oranında)

Kimlere zekât verilir?

Zekât, hiçbir malı ve geliri olmayıp günlük geçimlerini ve temel ihtiyaçlarını karşılayamayan veya karşılamakta zorluk çeken kişilere verilir.

Hem yoksul hem de çalışamayacak kadar hasta, zayıf ve yaşlı olan kimselere verilir.

Borç miktarı, sahip olduğu maldan fazla olan ve ödeme güçlüğü çeken borçlulara verilir.

Yolda kalmış parasız kimselere verilir.

Müslümanlığa yeni girmiş veya kendini hayırlı işlere adadığı için geçimini sağlayacak bir iş yapamayanlara veya gazilere verilir.

Öğrencilere verilir.

Eskiden savaşlarda esir alınan kölelerin özgürlüğünü kazanmaları için onlara da zekât verilirdi.

Zekât, Yüce Allah'ın hoşnutluğunu kazanmak için verilir. Zekât verilirken gösterişten sakınılmalı, insanların onuru zedelenmemeli, önce zor durumda bulunan akrabalar gözetilmelidir.

Zekât kimlere verilmez?

Müslüman olmayanlara, maddî durumu iyi olanlara, karı-koca eşler birbirlerine, yakın akrabalara (anne, baba, torun, büyük anne, büyük baba) ve çalışmaya gücü yettiği hâlde tembellik ederek çalışmayanlara zekât verilmez.

Sadaka

Sadaka, Allah'ın hoşnutluğunu kazanmak amacıyla karşılıksız olarak fakir ve muhtaçlara yardım etme ve iyilikte bulunmadır, **Sadaka**; sadakat, bağlılık anlamına gelir ve her türlü iyilik ve yardımı içerir. Sadakanın bir çeşidi de **fıtır sadakası** ya da **fitre**dir. Fitre, her Müslüman tarafından verilmelidir. Fitre, sağlıklı olduğumuz için Rabbimize şükür amacıyla verilir. Ramazan ayında verilmesi daha uygundur. Fakirlerin ve ihtiyaç sahiplerinin Ramazan vesilesiyle ihtiyaçları giderilir. Gücü yeten herkes fitre vermelidir. Fitre vermek için belli bir maddî birikim şart değildir. Kişinin kendi hayat standardında ortalama bir günlük yiyecek ihtiyacını karşılayacak miktar, bir kişilik fitre olarak verilir. Ailede herkesin, yeni doğmuş bebeğin bile fitresi verilir.

Sadakaları (zekât ve benzeri iyilikler) açıktan verirseniz ne güzel! Fakat onları gizleyerek fakirlere verirseniz bu, sizin için daha hayırlı ve Allah da bu sebeple sizin günahlarınızı örter. Allah, yaptıklarınızın hepsinden haberdardır.

(Bakara Suresi, 271. ayet)

Şüphesiz, insanlar için kurulan ilk ibadet evi, elbette Mekke'de, âlemlere rahmet ve hidayet kaynağı olarak kurulan Kâ'be'dir. Onda apaçık deliller, İbrahim'in makamı vardır. Oraya kim girerse, güven içinde olur. Yolculuğuna gücü yetenlerin hacca gitmesi, Allah'ın insanlar üzerinde bir hakkıdır. Kim inkâr ederse, şüphesiz Allah kimseye muhtaç değildir, her şey ona muhtaçtır.

(Âl-i İmran Suresi,
96-97. ayetler)

Kutlu Yolculuk: Hac

Şehirlerin anası Mekke

İnsanlık için kurtuluş olan İslâm'ın doğduğu ilk şehir Mekke'dir. Bu şehir kitabımız Kur'an-ı Kerim'de "şehirlerin anası" olarak adlandırılmıştır.

Suudi Arabistan'da bulunan Mekke şehri çöllerle kaplı bir bölgede kurulmuştur. Etrafı volkanik taşlardan oluşmuş tepelerle çevrilidir. Su kaynakları yetersiz olduğu için tarım ve hayvancılık gelişmemiştir. Peki bu olumsuz tabiat şartlarına rağmen Mekke'yi bu kadar değerli kılan nedir?

Mekke, bu önemini yeryüzündeki ilk ibadet yeri olan Kâbe'nin burada oluşundan alır. Her yıl milyonlarca Müslüman haccetmek için buraya akın eder. Yılın hiçbir günü hiçbir anı boş kalmaz Mekke. Büyük bir arzuyla burayı ziyarete gelen müminleri ağırlar.

Müslümanlar bu mekânda, ilk insan ve ilk peygamber Hazreti Âdem'in ibadet ettiği bu mescitte Allah'a yakarır. Bu kuş uçmaz kervan geçmez topraklara, eşi Hacer ve oğlu İsmail'i yerleştiren ve tekrar Kâbe'yi inşa eden İbrahim Peygamberi hatırlar. Âlemlere rahmet olarak

gönderilen Sevgili Peygamberimiz Hazreti Muhammed'i anar. İlâhî mesaj olan tevhidin ilk peygamberden son peygambere kadar bu topraklarda yeşermesine tanık olur. Bütün inananların izlerini sürer bu topraklarda.

Özgürlük ve güvenlik evi: Kâbe

Yeryüzünde inşa edilen ilk ibadet evi **Kâbe**'dir. Küp, kübik yapı anlamına gelen bu mekân, adından da anlaşılacağı gibi dört duvardan oluşan, son derece sade, süsten uzak bir mimariye sahiptir.

Buraya, Kâbe dendiği gibi insanlığı tevhid inancı dışındaki bütün maddî ve manevî bağlardan kurtarmayı hedeflediği için Özgürlük Evi (Beytül Atik) de denir. Ayrıca Beytül Haram da diğer bir adıdır. Yani güvende olunan yer, emin belde, güvenlik evi... Allah'ın evi...

Kâbe'nin Hazreti İbrahim'den beri ibadet edilen kutsal bir mekân olduğu insanlar tarafından bilinmekte ve Kâbe'yi tavaf ve hac geleneği devam etmekteydi. Kâbe'yi korumak, hacılara hizmet etmek övünç vesilesi sayılırdı. Fakat zaman içinde dinin aslî şekli bozulmalara uğradı, yanlış inanışlar çoğaldı. Bunun sonucunda Kâbe putlar ve heykeller ile dolduruldu.

Sevgili Peygamberimiz Mekke'yi fethettiğinde Kâbe'yi putlardan temizledi. Yalnızca bununla kalmadı. Bu kutsal mekânı ve çevresini "Harem" ilân etti. Böylece Kâbe tam anlamıyla güvenliğe ve dokunulmazlığa kavuştu. Bütünüyle hayat kutsal kılındı. İnsanlar, hayvanlar ve bitkiler koruma altına alındı.

"Harem bilinci" bu topraklarda dağa, taşa, toprağa, canlı ve cansız bütün varlığa bakışı değiştirdi. Bir çiçeğin, küçücük bir böceğin varlığı güvence altına alındı. Dillere güzel söz dışında bütün çirkinlikler yasaklandı.

Kâbe, dünyadaki bütün cami ve mescitlerin de anasıdır. Camilerimizin yönü Kâbe'ye bakar. Namazlarımızı Kâbe'ye dönerek kılarız. Bedenimizle ve yüreğimizle Allah'ın evine yöneliriz.

Şüphesiz, insanlar için kurulan ilk ibadet evi, elbette Mekke'de, âlemlere rahmet ve hidayet kaynağı olarak kurulan Kâ'be'dir. Onda apaçık deliller, İbrahim'in makamı vardır. Oraya kim girerse, güven içinde olur. Yolculuğuna gücü yetenlerin hacca gitmesi, Allah'ın insanlar üzerinde bir hakkıdır. Kim inkâr ederse, şüphesiz Allah kimseye muhtaç değildir, her şey ona muhtaçtır.

(Âl-i İmran Suresi, 96-97. ayetler)

İbadet bilinci ve hac

Hac kelime olarak yönelmek, amaçlamak anlamına gelir ve Kur'an-ı Kerim'de "Allah'ın sembolleri"nden oluşan bir ibadet olarak tarif edilir. Kâbe'yi tavaf, Arafat'ta vakfeye durmak, şeytan taşlamak, Safa ile Merve arasında say etmek aslında derin anlamlar ifade eden sembollerdir.

Hac, şartları uygun olan her Müslüman için farz olan, yani mutlaka yapılması gereken bir ibadettir. Hac, bir Müslümanın arınmak, iyi ve mükemmel bir insan olmak için yaptığı pek çok ibadeti kendinde toplar. Hem malı, hem bedeni arındırır. İnanmış pek çok Müslümanla beraber ibadet ederek gönüllerin arınmasına vesile olur. Tavafta müminler bir akarsuyu oluşturan damlalar gibi birbirine eklenir. Dünyanın değişik yerlerinden gelmiş farklı ırklara, dillere, geleneklere sahip ancak aynı inancı paylaşan Müslümanlar Allah'ın evinde buluşup tanışır ve 'Bütün inananlar kardeştir.' ilkesini derinden hissederler.

Evrensel bir buluşmadır hac. Bütün kıtalardan aynı mekâna, aynı buluşma noktasına koşan müminler arasındaki ayırımların yok olduğu, tevhid bilincinin hayat bulduğu yerdir; herkesin eşit olduğu Allah'ın evidir burası.

Hayatın, var olmanın, Allah'ı bilmek ve ona iyi bir kul olmakla anlam kazandığı, kulun yaratıcısıyla buluşup kavuştuğu yerdir Kâbe.

Hac ibadeti başlıyor

Sağlık yönünden bir engeli olmayan, hac için gerekli ihtiyaçlarını karşılayabilecek bütün Müslümanların ömründe bir kez olsun hac ibadetini yerine getirmesi gereklidir.

Hac ibadeti ay takvimine göre zilhicce ayında yapılır. Gitmeye karar vermiş ve gerekli hazırlıkları yapmış bir Müslüman önce niyet eder. Bu muhteşem yolculuğa çıkmadan önce yakınlarından "helâllik" alır. Çünkü haccetmenin amacı dilini, gönlünü, hayatını kuşatmış bütün kötülüklerden ve günahlardan arınmadır. Bu yüzden hacca gitmeye karar veren bir Müslümanın üzdüğü kişilerin gönlünü alması, büyüklerinden dua istemesi, kırgınlıkları gidererek yola çıkması haccın amacına uygun davranışlardandır.

Bu niyetlerle yola çıkan müminler kutsal topraklara yaklaşınca, belirli yerlerde (mikat) **ihram** elbiselerini giyer. Bu bir zorunluluktur. Farklı coğrafyalara, kültürlere ve maddî imkânlara sahip Müslümanlar aynı giysileri giyerek Allah katında eşitlenir. Birbirinin aynı, beyaz iki parça kumaştır herkesin giydiği. Farklılık en baştan ortadan kalkar, üstünlük hissettirebilecek bütün sebepler geride kalır. Bu sınırların ötesine ihramsız geçilemez.

Ey Rabbim! Bana salihlerden olacak bir çocuk bağışla. Biz de ona uysal bir oğul müjdeledik.

Çocuk kendisiyle birlikte koşup yürüyecek yaşa gelince İbrahim ona yavrum, ben rüyamda seni kurban ettiğimi gördüm. Düşün bakalım, ne dersin, dedi. O da babacığım, emrolunduğun şeyi yap. İnşallah beni sabredenlerden bulacaksın, dedi. Nihayet her ikisi de Allah'ın emrine boyun eğip, İbrahim de onu yüz üstü yere yatırınca, ona şöyle seslendik: Ey İbrahim! Gördüğün rüyanın hükmünü yerine getirdin. Şüphesiz biz iyilik yapanları böyle ödüllendiririz. Şüphesiz bu apaçık bir imtihandır. Biz, İbrahim'e büyük bir kurbanlık vererek İsmail'i kurtardık. Sonradan gelenler arasında ona güzel bir ad bıraktık. İbrahim'e selâm olsun.

(Saffat Suresi, 100-109. ayetler)

Rabbimiz! Ben çocuklarımdan bazısını, senin kutsal evinin yanında ekin bitmez bir vadiye yerleştirdim. Rabbimiz! Namazı dosdoğru kılmaları için böyle yaptım. Sen de insanlardan bir kısmının gönüllerini onlara meylettir, onları ürünlerden rızıklandır, umulur ki şükrederler.

(İbrahim Suresi, 37.ayet)

Dualarla giyilir ihram. Hep bir ağızdan **telbiye** getirilir:

"Lebbeyk Allahümme lebbeyk! Lebbeyke lâ şerike leke lebbeyk! İnnel hamde ven nimete leke vel mülk, lâ şerike lek."

"Buyur Allahım buyur! Emrindeyim buyur! Senin hiçbir ortağın yoktur. Buyur Allahım! Senin emrine uymaya her zaman hazırım. Bütün övgüler, hamd sanadır. Bütün nimetler sendendir ve mülk senindir. Senin ortağın da yoktur."

Bu dua, Allah'ın tevhid çağrısına kullardan cevap gibidir. Müminler, "Biz geldik. Kötü düşüncelerden, sevilmeyen huylardan ve bütün günahlardan arınmaya geldik. Hepimiz erdemli insanlar, güzel müminler olmaya karar verdik. Düşmanlığı, kini ve nefreti bıraktık. Birlik olmaya, kardeş olmaya geldik." derler.

Büyük buluşma: Arafat

Zilhiccenin sekizinci akşamı binlerce Müslüman büyük buluşma için Arafat'a yola çıkar.

Arafat kelimesi tanımak, bilmek anlamına gelir. Müslümanlar tarihte burada gerçekleşmiş pek çok ilkin farkına varır. Köklerini tanır.

İnsanlığın "ilk" buluşmasının gerçekleştiği yerdir burası. İnsanlığın atası olan Hazreti Âdem ile Hazreti Havva cennetten dünyaya geldiklerinde birbirilerinin izlerini kaybederler.

Uzun aramalardan sonra Allah'ın yardımıyla Arafat dağında buluşurlar. İşte dünyanın dört bir yanından gelen Müslümanlar ilk atalarıyla burada buluşur. Aslında burada toplanmış binlerce Müslüman da birbirleriyle ilk kez karşılaşır. Arafat'ta mümin gönüller aynı duruşta (vakfe) aynı duada buluşur. Dualar sabaha kadar sürer. Gözyaşları ile günahlar affolur, gönüller aydınlanır.

Diller ister ister... Yalnız kendisi için değil Muhammed ümmeti ve bütün insanlık için ister. Burada yapılan dualar reddolunmaz.

Burası Sevgili Peygamberimizin bütün insanlara son hitabı ve öğüdü olan "Veda Hutbesi"nin okunduğu yerdir.

Peygamberimizin insanlığa öğütlerini âdeta onun ağzından dinleyerek hatırlayan müminler buradan **Müzdelife**'ye hareket eder.

İnsanların kendini hesaba çektiği yerdir Müzdelife. Bildiklerini ve bilemediklerini sorgularlar. Kimim ben? Niçin varım? Bu kusursuz yaratılmış evrende hayatın anlamı ne? gibi pek çok soruda kendilerini ararlar. Müslümanlar hayatlarını, yaşadıklarını gözden geçirirler. Hatalı davranışlarını ve terk etmeleri gereken yönlerini, kısaca hedeflerini belirlerler. Çünkü ertesi gün şeytanları taşlama günüdür. Bu gece boşa geçirilmemesi gereken değerli bir gecedir. Dua ederek Allah'tan yardım istenir.

Ertesi gün taşlanacak sembolik şeytanlar için küçük taşlar toplanır.

Şeytanlara taş at!

Kendilerindeki ve bütün yeryüzündeki kötülükleri ve yanlışlıkları yok etmeye karar vermiş binlerce Müslüman **Mina**'ya doğru hareket eder.

Kim Allah için hacceder de kötü söz ve davranışlardan ve Allah'a karşı gelmekten sakınırsa, annesinin onu doğurduğu günkü gibi (günahlarından arınmış olarak hacdan) döner.

(Buharî, "Hac", 4)

Üç dikili taş vardır burada. Sembolik olarak üç şeytanı temsil eder bu taşlar. Bencilliği, hak hukuk ve sınır tanımaz istekleri ve bütün kötülükleri temsil eder. Çünkü şeytan Allah katında kabul görmeyen her düşünce ve davranışın ilham kaynağıdır. Kötü ve çirkin olan her vesvesenin adıdır. Allah ile hakikat arasındaki engellerin hepsinde o vardır. Kıskançlığın, hırsın, acımasızlığın kaynağı şeytanî dürtülerdir.

Diller Allahu ekber, 'Allah en büyüktür' derken eller taş atar. Bir daha, bir daha... Yetmiş taş dört gün boyunca belli aralıklarla bu üç şeytana atılır. Kötülüğün ve karanlığın kaynağı, bir daha güç bulamasın diye tekrar tekrar taşlanır.

Büyük imtihan

Hazreti İbrahim ve eşinin ilerlemiş yaşlarına rağmen çocukları olmamıştı. Kendinden sonra insanları Hakka çağıracak bir evlâdının olmaması Hazreti İbrahim'i üzmekteydi. Rabbine bir evlât bağışlaması için dua ediyordu.

Yüce Allah, Hazreti İbrahim'in hiç ümitsizliğe kapılmadan gönülden ettiği duaya karşılık verdi. İhtiyarlığına rağmen Allah, ona İsmail adında bir oğul bağışladı.

İbrahim Peygamber bir gün rüyasında oğlu İsmail'i kurban ettiğini gördü. Aynı rüyayı üst üste birkaç kez görünce oğlu İsmail'e anlatmaya karar verdi. İsmail, Allah'ı çok sever ve çok ibadet ederdi. Bu rüyaların Allah'ın bir emri olduğunu düşünerek babasına "Babacığım, sana ne emrediliyorsa onu yerine getir. Beni sabredenlerden bulacaksın." dedi. Her ikisi de bunu Allah'ın bir emri gibi algılamışlar ve hemen teslimiyet göstermişlerdi.

Şüphesiz biz sana Kevser'i (bol nimetler) verdik. O hâlde Rabbin için namaz kıl ve kurban kes. Asıl sana düşmanlık edenlerin soyu kesiktir.

(Kevser Suresi)

Ertesi gün İbrahim Peygamber oğlunu kurban etmek için bir taşın üzerine yatırdı. Rabbinin hoşnutluğunu kazanmak için dünyadaki en değerli varlığı İsmail'ini kurban edecekti. Bu gerçekten çetin bir imtihandı. Şüphesiz âlemlerin Rabbi olan Allah her şeyi en iyi bilendi ve çok merhametliydi. Bıçağı tam ciğerparesinin boynuna sürmek üzereyken Allah'ın müjdesi geldi. Vahiy meleği Cebrail bir koç ile birlikte yetişti. Cebrail, Hazreti İbrahim'e Allah için bu koçu kurban etmesinin yeterli olacağını söyledi.

Hazreti İbrahim ve oğlu İsmail'in Yüce Rabbimize yürekten teslimiyeti ve güveni Allah'ı hoşnut etmişti.

Kurban bayramı

Şeytanlar yok edildikten, vesveseler ve kötülüğün kaynağı kurutulduktan sonra şükür için kurbanlar kesilir.

Bayramdır bugün. İbrahim Peygamberin gönülden bağlılığının hediyesi, İsmail'in bayramıdır bugün. Rabbinin emirlerine uymada hiçbir bahanenin ardına sığınmayan teslim olmuş yüreklerin bayramı. Temizlenmiş, arınmış müminlerin haclarının bayramı.

Kurban edilen hayvanların etleri muhtaç insanlara bağışlanır. Dünyanın çeşitli yerlerinde yaşayan Müslümanlara gönderilir. Çünkü bayram şükürdür, Rabbimize teşekkürdür. Bağışlanmak için bağış yapmaktır.

Tavafa koş

Kurbanlarını kesen Müslümanlar Yüce Allah'ın evini, Beytullah'ı tavafa koşarlar.

Hacerül Esved'i selâmlarlar önce. Cenneti hatırlatan, cennetten olduğuna inanılan bu taş tavafa başlangıçtır. Eller havaya kaldırılır ve bu taşa döndürülerek selâm verilir. El sıkılır, sözleşme imzalanır âdeta. Sonra dönüş başlar. Yedi defa dönünce bir tavaf yapılmış olur. Yüzler ve bakışlar hep bir noktaya dönüktür. Kur'an-ı Kerim ayetleri dillere dua olur. Gönüller aydınlanır, mümin kalpler günahlardan arınmanın ferahlığıyla huzur bulur.

Bu çorak topraklarda ilk mabedi tekrar inşa eden İbrahim Peygamberin aziz hatırası canlanır gönüllerde.

Tavaf sonunda alınlar şükür için secdeye varır iki rekâtla.

Safa ile Merve arasında

Tavaf tamamlandıktan sonra bir görevi daha kalmıştır Müslümanların. Aslında bir vefa borcudur bu. İbrahim Peygamberin bu kuş uçmaz kervan geçmez topraklara, kundaktaki bebeği İsmail ile yerleştirdiği Hacer annemizi anma borcu...

"Bizi bu ıssız yerde kimlere bırakıyorsun ey İbrahim?" demişti, Hacer.

"Sizi Allah'a emanet ediyorum." demişti eşi Hazreti İbrahim.

"Bunu sana Allah mı emretti?" demekten kendini alamamıştı o.

"Evet Hacer." sözünü işitince de eşi İbrahim gibi hemen teslim olmuştu.

İnsanlar arasında hacci ilân et ki gerek yaya olarak, gerek uzak yollardan gelen yorgun develer üzerinde sana gelsinler. Gelsinler ki kendilerine ait birtakım menfaatlere şahit olsunlar ve Allah'ın kendilerine rızık olarak verdiği kurbanlık hayvanlar üzerine belli günlerde onları kurban ederken Allah'ın adını ansınlar. Artık onlardan siz de yiyin, yoksula fakire de yedirin. Sonra kirlerini gidersinler, adaklarını yerine getirsinler ve Kâbe'yi tavaf etsinler.

(Hac Suresi, 27-29. ayetler)

"O hâlde git İbrahim. Allah kendine güvenene yeter, o ne güzel vekildir." demişti hiç tereddüt etmeden.

Bu topraklara gelişinden kısa bir zaman sonra Hazreti İbrahim emredildiği üzere Filistin'e geri dönmüştü. Getirdikleri yiyecekler tükenmiş, birkaç damla suları kalmıştı. Bir şeyler yapması gerektiğinin farkındaydı Hacer. Uyumakta olan yavrusunu küçücük bir gölgeciğe yatırdı ve su aramak için etrafı iyi görebileceği bir tepeye koştu. **Safa** tepesiydi burası. Bir şey göremedi. Yakındaki diğer tepeye **Merve** tepesine koştu sonra. Bir anda uyanan İsmail'inin ağlama sesi geldi kulağına. Daha da hızlandı. İki tepe arasında gitti geldi tam yedi kez. Hiç ümidini yitirmedi, güvenini kaybetmedi. Bir yandan da dua etmekteydi. Yoruluncaya kadar çabaladı. Sonra yalnız olan yavrusuna bir zarar gelebilir endişesiyle yanına döndü.

O da ne! Gördüklerinin bir hayal olabileceğini düşündü önce, ama gerçekti işte. İsmail'inin ayak uçlarında bir pınar kaynamaktaydı. Şaşkınlıktan ne yapacağını bilemedi. Koştu. Bu kavurucu sıcakta suyun akıp gitmesinden, buharlaşıp bitmesinden korkmuş olacak ki suyun etrafını toprakla çevirmeye başladı. "Dur! Dur!" diyordu suya. Boşa akıp gitme dur! O günden sonra bu suyun adı dur dur anlamında **Zemzem** kaldı ve hiç bitmedi, tükenmedi.

İşte Safa ile Merve onun oğlu İsmail'le bu ıssız topraklarda hayatta kalma çabasını hatırlatır bizlere.

Su hayattı. Zemzem sayesinde kısa zamanda buraya pek çok kabile yerleşti.

Kervanların uğrak yeri oldu. İlerleyen yıllarda Kâbe'ye dönen İbrahim Peygamber ile oğlu İsmail, Kâbe'yi tekrar inşa etti.

İşte müminlerin gönlündeki Kâbe sevgisi böyle başladı. Âlemlere rahmet olarak gönderilen Hazreti Muhammed burada dünyaya geldi. Son hak din burada yeşerdi. Bu kutsal mekân Müslümanların tarihleriyle, benlikleriyle ve diğer kardeşleriyle buluşma, birleşme mekânı oldu.

Sevgili Peygamberimizi ziyaret

Hac ibadetini tamamlayan Müslümanlar Sevgili Peygamberimizi ziyaret için Medine'ye koşarlar. Kâbe'de doğup büyüdüğü hâlde İslâmiyet'i insanlara tebliğ yolunda büyük sıkıntılar yaşayan ve Medine'ye hicret (göç) etmek zorunda kalan efendimize koşarlar.

İslâm'ın yeşerdiği bu toprakları, Bedir, Uhud ve Hendek savaşlarının yapıldığı yerleri, Sevgili Peygamberimizin yakınlarının ve dostlarının kabirlerinin bulunduğu Cennetül Baki mezarlığını, ilk Cuma namazının kılındığı Kuba Mescidini ziyaret ederler. Peygamber Efendimizin kabrini ziyaret ederek **Mescid-i Nebevî**'de namaz kılarlar.

Sevgilerini ve minnettarlıklarını sunarlar Âlemlerin Efendisine.

Kâbe'nin ve Peygamber Mescidinin kapıları açıktır insanlara.

Bir aşktır bu. İnsanın hakikatine duyduğu bir aşk.

OKUYALIM

EBREHE'NİN FİLLERİ

"Ne var bu Mekke'de. Bütün Araplar oraya koşuyor, tavaf için. Ticaret orada, hayat orada... Ne var sende ey Kâbe!" diyordu Ebrehe.

Ebrehe Yemen valisiydi. Mekke şehrindeki canlılığı ve oraya olan ilgiyi kıskanıyordu. Yemen, Kâbe'den daha gelişmiş bir şehirdi. Neden Arapların ilgisini çekmiyordu? Yemen'de eksik olan neydi?

Aslında sebebini biliyordu Ebrehe. Kutsal mabet Kâbe oradaydı. Günlerce ne yapacağını düşündü. Artık kararını vermişti. Yemen'in başkenti Sana'ya Kâbe'den daha büyük bir tapınak yaptıracaktı. Hiçbir masraftan kaçınmayarak yaptırdı da...

Görkemli tapınak çabucak tamamlandı ve beklenen hac zamanı gelip çattı.

Arapların akın akın tapınağa geleceğini düşünmekteydi. Bekledi bekledi, ama umduğu ilgiyi göremedi. İnsanlar yine Kâbe'ye gidiyordu.

Bu durum Ebrehe'yi çileden çıkarmaya yetti. Nihayet haddini aşarak büyük, çok büyük bir karar verdi. Kâbe'yi yıkacaktı.

Büyük bir ordu hazırlattı. Mekkelilerin böyle bir orduya karşı koyması imkânsızdı. Ordunun önünde filler vardı. En görkemli savaşçı fil en öndeydi.

Mekke yakınlarına geldiler. Mekkelilere ait mal ve hayvanlara el koydular. El konan mallar arasında Peygamberimizin dedesi Abdulmuttalib'in de yüz kadar devesi vardı.

Mekke'nin ileri gelenlerini yanına alan Abdulmuttalib Ebrehe ile görüşmek için izin istedi. Mekkelilerin ordusuna karşı koyacak gücü olmadığını bilen Ebrehe'yi Mekke büyüklerinin ayağına gelmesi çok keyiflendirdi. Yalvarıp yakarmak için geldiklerini düşündü. Heyeti kabul etti ve alaylı bir ifadeyle sordu:

"Niçin geldiniz?"

"Develerimize ve mallarımıza haksız yere el koydun. Onları istemeye geldik."

Bu kendinden emin cevaba çok şaşıran ve kızan Ebrehe:

"Ben Kâbe'yi yıkmaya geldim. Siz ise develerinizin derdindesiniz." diye çıkıştı.

Abdulmuttalib söze girdi hemen:

"Ben develerin sahibiyim. Onları almaya geldim. Kâbe'nin sahibi ise Allah'tır. Onu sahibi koruyacaktır."

Bu pervasız cevaba ve aşırı güvene sinirlenen Ebrehe ordusuna saldırı emri verdi.

Ancak yolunda gitmeyen bir şeyler vardı. Ordunun en önündeki büyük fil bir türlü ilerlemiyordu. O hareket etmeden diğer filler de hareket etmiyordu. Yönü başka tarafa döndürülünce gidiyor, Kâbe'ye döndürülünce ilerlemiyordu. Bu olay askerlerin moralini bozmuştu. Üstelik gökyüzünde bir anda beliren karaltı, ordunun üzerine doğru ilerlemekteydi. İşte o anda beklenmedik bir olay gerçekleşti. Gökyüzünü kaplamış olan binlerce kuş, sürüler hâlinde gelip ağızlarındaki taşları askerlerin üzerine bıraktı. Taşlar isabet ettiği her şeyi mahvediyordu. Tek bir asker sağ kalmayana kadar devam etti bu akın.

O gün Ebrehe'nin ordusu yerle bir oldu.

Allah kendisine güvenenlerin inancını boşa çıkarmadı ve evini korudu.

Bu mucize olaydan yaklaşık elli gün sonra da sevgili Peygamberimiz dünyaya geldi.

Fil Suresi işte bu olayı anlatır.

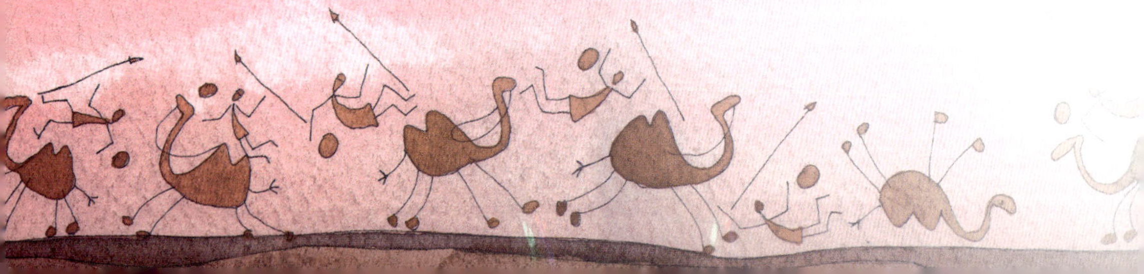